Clear Alphabet Dictionary

Contents

Clear Alphabet Dictionary

Contents

Relevant Material from *Talk a Lot Foundation Course*

Relevant Material from *Talk a Lot Elementary Handbook*

Clear Alphabet Dictionary

Introduction

What is this book?   Wo ti zthi Sbuuk?

The Clear Alphabet Dictionary is a tool to enable students of English to learn new phonetic Clear Alphabet, so that they can use it confidently as a means to read, write, and understand the sounds of English – and as a result to pronounce words and sentences better. It is a tool that enables teachers to explain the relationship between spelling and sounds at word level, and connected speech at sentence and text level. If you are using *You Are The Course Book* method, the material in this book can be used at Stage 1 (Vocabulary) and Stage 5 (Pronunciation) of Modes 1 and 2. It could also be used with students who are studying *Talk a Lot Foundation Course*.

In the first part you can learn the 48 sounds of English and their corresponding written IDs (identifiers). For example, the vowel sound in "cheese" and "meal" is always written as ee in the Clear Alphabet. The second part is more like a traditional dictionary, with a word list of over two thousand common words and phrases – including all of the discussion words from *Talk a Lot Elementary Books 1-3* and *Intermediate Book 1*. Following this is a reduced word list of 400 Elementary-level words, which can be used with students who are new to the Clear Alphabet. The third part contain special topics relating to using the Clear Alphabet, including Silent Letters, Homophones, and Hidden Sounds. The fourth part has some examples of worksheets for use in class to learn the Clear Alphabet. The last two parts of book contain useful related material from *Talk a Lot Foundation Course* and *Talk a Lot Elementary Handbook*.

What is the Clear Alphabet?   Wo ti zth Kliy Ral f bet?

The Clear Alphabet is a modern phonetic English alphabet which uses the normal Roman alphabet, rather than symbols, to show the sounds of English. Each of the 48 sounds of English has one ID (identifier) in the Clear Alphabet, which is always written the same. (See Clear Alphabet Chart on p.17.) This allows us to write the sounds of English, rather than the normal spelling, which is often very different from the sounds. It also allows us to write full sentences and whole texts which show connected speech in action – the process where words merge together as we speak. It enables us to represent speech in written form clearly, showing syllables, stressed syllables, features of connected speech, and other elements of speech such as schwa sounds, glottal stops, silent letters, and hidden sounds, which are usually missing from written texts.

Why bother learning the Clear Alphabet?   Wai Bo th Ler ning th Kliy Ral f bet?

If students and teachers learn the Clear Alphabet they will be able to:

- Improve understanding and use of the differences between spelling and sounds in an English word, e.g.

normal spelling:	Clear Alphabet spelling:
ask	Arsk
car	Kar

Clear Alphabet Dictionary

Introduction

heart   Hart

- Improve understanding and use of of pronunciation, including the use of the schwa sound and glottal stops

normal spelling: Clear Alphabet spelling:

appointment   uh Poyn_ mnt (schwa sound indicated by uh ; glottal stop indicated by _)

- Improve understanding and use of connected speech – including identifying the stressed syllables in a sentence – leading to improved listening skills through the knowledge of how native speakers of English actually speak

Normal spelling – not representative of speech:

I don't like living in a small flat.

Clear Alphabet spelling – showing connected speech, stressed syllables (capitalised), schwa sounds, glottal stops, and normal punctuation.

ai Deun_ Lai Kli ving i n Smorl Flat.

How is it different from the IPA (International Phonetic Alphabet)?

Hau wi zi_ Di frn_ frm thii yai pii Yei (in t Na shnl f Ne ti Kal f bet)?

The main difference is that the Clear Alphabet uses the Roman alphabet – the normal a-z that everybody already knows, rather than obscure symbols. This means that the Clear Alphabet can be transmitted via a normal keyboard – by computer, tablet, or phone – without a special font. While it is difficult (although not impossible) to create and share text in the IPA via digital means, it is much easier to do so with the Clear Alphabet.

From *Talk a Lot Foundation Course*[1]:

> [The Clear Alphabet is] a new alphabet for the English language, which is similar to the IPA in that it enables the reader to see all the phonemes (sounds) contained in each word. However, unlike the IPA, [the Clear Alphabet] uses the more familiar Roman alphabet – a, b, c, etc. – and allows the reader to see the stressed syllable in a word as well as the connections between syllables and words. Each of the 48 sounds of English has its own written ID (identifier).
>
> e.g. the "a" sound in "cake" is always written as ei – Keik
>
> In normal spelling this sound can be written in different ways, but with [the Clear Alphabet] it always looks the same: ei

[1] Note: in *Talk a Lot Foundation Course*, the Clear Alphabet is referred to as the New English Alphabet (NEA)

Clear Alphabet Dictionary

Introduction

e.g. make = Meik, day = Dei, change = Cheinj, etc.

Is the Clear Alphabet better than the IPA? i zth Kliy Ral f be_ Be t thn thii Yai pii yei?

From *Talk a Lot Foundation Course*:

> The current IPA (International Phonetic Alphabet) was invented in the nineteenth century by French and British linguists. The IPA can be helpful in some situations, for example if a student takes the time to learn it they will be able to accurately pronounce any word in the dictionary. When teaching language – and especially pronunciation – we do need a way of representing sounds on a page, but the current IPA is no longer fit for purpose in the Digital Age, because it cannot be easily reproduced on a keyboard or mobile phone keypad. Just try sharing a document that uses IPA symbols and you will see what I mean. Everybody needs to buy a new font – which does not happen. So we need a new phonetic way of writing. Another problem with the IPA is that students have to learn a whole new alphabet of around fifty new characters. Students are often put off by the unfamiliar and exotic-looking symbols that they have to learn, which only adds an extra burden for students – especially those whose first language does not always use the Roman alphabet, e.g. those whose first language is Arabic, Russian, Chinese, etc. They already have to learn one new alphabet to learn English; then we try to add a second. It's no wonder the IPA is put on the back burner.

For example, let's compare this earlier sentence in the Clear Alphabet with its equivalent in the IPA:

> Normal spelling:
>
> I don't like living in a small flat.
>
> Clear Alphabet spelling:
>
> ai Deun_ Lai Kli ving i n Smorl Flat.
>
> IPA spelling:
>
> /aɪ'deun?'laɪ'klɪ.vɪŋ.ɪ.n'smɔːl'flæt/

While Clear Alphabet spelling takes some learning and getting used to, it is far easier and more intuitive to learn than the IPA because the letters are already familiar, and has the added bonus of showing the stressed syllables – the all-important sound spine – as well as normal punctuation marks.

Is the Clear Alphabet a replacement for the current Roman alphabet?

i zth Kliy Ral f be t r Plei smn_ f th Ku rn_ Reu m Nal f bet?

Clear Alphabet Dictionary

Introduction

In *Talk a Lot Foundation Course* I have argued that, yes, it could be:

> We need a new written English alphabet. The old one (a, b, c, etc.) is not fit for purpose because it doesn't contain enough letters (especially vowel letters) to adequately represent all of the 48 sounds of English. We cannot write phonetically – as we speak – with this alphabet. It allows us to write words, but we speak syllable by syllable, not word by word. It doesn't show stressed syllables, but it is vital for us to know which syllables are stressed. It doesn't show the "hidden" features of spoken English – schwas and glottal stops – but if we don't use these features our pronunciation will be much worse, and communication will be reduced.
>
> *The old written alphabet has 26 letters – but there are 48 sounds in English.*
>
> *The old written alphabet has 5 vowel letters – but there are 23 different vowel sounds in English.*
>
> [The Clear Alphabet] provides the remedy to both problems, because it allows us to write phonetically, representing the sounds we make when we speak. It is a true alphabet. It also clearly shows individual syllables, stressed syllables, schwas, and glottal stops.

<u>How many words are there in the dictionary – and how were they chosen?</u>

Hau Me nii Wer dz th rin th Di kshn rii – yn Hau w thei Cheu zn?

The dictionary contains just over 2,000 common words and phrases, so it is not intended to be an exhaustive dictionary along the lines of a major English dictionary. Also, there are no definitions – just words in the Clear Alphabet and in normal spelling. However, the dictionary certainly contains enough terms for anyone to be able to understand and learn how the Clear Alphabet works and how it can be used to represent sounds in a word or sentence. The terms were chosen from a wide range of sources, with the focus on high-frequency words:

• Talk a Lot Elementary Books 1-3	discussion words and sentence block verbs
• Talk a Lot Intermediate Book 1	discussion words, sentence block verbs, and a selection of common idioms & slang terms
• Oxford English Dictionary Corpus	top 100 words in written English[2]
• The Dolch Basic Site Vocabulary	220 frequently used words[3]
• Top 20 Phrasal Verbs	my own list[4]
• Big Grammar Book	basic words from *Essential English* pages
• ...Words You Must Know (series)	common word list: nouns, verbs, adjectives, function words

Clear Alphabet Dictionary

Introduction

• Talk a Lot Foundation Course	list of pronunciation terms from the *Glossary*
• Check It Again! (Book One)	list of grammar terms from the *Glossary*
• List of 80 common functions	my own list

General notes on the dictionary: Jen rl Neu_ zon th Di kshn rii

- Terms are presented in British English throughout the dictionary – both in terms of normal spelling and pronunciation
- Generally, nouns have singular forms

Clear Alphabet Dictionary

Clear Alphabet – 48 Phonemes (Individual Sounds)

23 vowel sounds: **8** short **5** long **10** diphthongs | **25** consonant sounds: **15** voiced **10** unvoiced
Each phoneme always has the same written identifier (ID). Letters not used from the old alphabet: c, q, x
When pronounced on their own, all consonant sounds (including unvoiced) are followed by a schwa sound, e.g. *7.* buh. This is called an **embedded schwa sound**. Hear the sounds: https://tinyurl.com/ca-sounds

No.	Phonemic ID	Old IPA Symbol	Old Spelling	New Spelling	Type
1.	a	/æ/	bat	Bat	v / s
2.	ai	/aɪ/	time	Taim	d
3.	aiy	/aɪə/	hire	Haiy	d
4.	ar	/ɑː/	star	Star	v / l
5.	au	/aʊ/	cow	Kau	d
6.	auw	/aʊə/	power	Pauw	d
7.	b	/b/	bag	Bag	c / v
8.	ch	/tʃ/	cheese	Cheez	c / u
9.	d	/d/	dice	Dais	c / v
10.	e	/e/	leg	Leg	v / s
11.	ee	/iː/	three	Ttree	v / l
12.	ei	/eɪ/	plane	Plein	d
13.	eir	/eə/	pear	Peir	d
14.	er	/ɜː/	shirt	Shert	v / l
15.	eu	/əʊ/	home	Heum	d
16.	f	/f/	frog	Frog	c / u
17.	g	/g/	glass	Glars	c / v
18.	h	/h/	head	Hed	c / u
19.	hh	/x/	loch	Lohh	c / u
20.	i	/ɪ/	dish	Dish	v / s
21.	ii	/i/	happy	Ha pii	v / s
22.	iy	/ɪə/	here	Hiy	d
23.	j	/dʒ/	jam	Jam	c / v
24.	k	/k/	kit	Kit	c / u
25.	l	/l/	lake	Leik	c / v
26.	m	/m/	music	Myoo zik	c / v
27.	n	/n/	nurse	Ners	c / v
28.	ng	/ŋ/	ring	Ring	c / v
29.	o	/ɒ/	sock	Sok	v / s
30.	oo	/uː/	shoot	Shoot	v / l
31.	or	/ɔː/	ball	Borl	v / l
32.	oy	/ɔɪ/	toy	Toy	d
33.	p	/p/	pig	Pig	c / u
34.	r	/r/	road	Reud	c / v
35.	s	/s/	snow	Sneu	c / u
36.	sh	/ʃ/	shop	Shop	c / u
37.	t	/t/	taxi	Ta ksii	c / u
38.	th	/ð/	brother	Bru th	c / v
39.	tt	/θ/	thousand	Ttau znd	c / u
40.	u	/ʌ/	cup	Kup	v / s
41.	uh	/ə/	arrive	uh Raiv	v / s
42.	uu	/ʊ/	pull	Puul	v / s
43.	uuw	/ʊə/	pure	Pyuuw	d
44.	v	/v/	van	Van	c / v
45.	w	/w/	week	Week	c / v
46.	y	/j/	yoghurt	Yo gt	c / v
47.	z	/z/	zip	Zip	c / v
48.	zz	/ʒ/	revision	r Vi zzn	c / v
	_	/ʔ/	football	Fuu_ borl	

*Key – **v** = vowel sound: **s** = short **l** = long **d** = diphthong | **c** = consonant sound: **v** = voiced **u** = unvoiced*

Clear Alphabet Dictionary

Learn the Clear Alphabet with Flashcards

Students can use the flashcards on pp.20-29 for learning and memorising the forty-eight sounds of English with the Clear Alphabet. The aim is to know the sounds by heart, so that they can look at any of the Clear Alphabet IDs (identifiers) on their own and say the sound straight away.

Instructions

1. Print the pages back to back onto thin card, in the following order:
    - print pages 20 and 21 back to back
    - print pages 22 and 23 back to back
    - print pages 24 and 25 back to back
    - print pages 26 and 27 back to back
    - print pages 28 and 29 back to back
2. Cut out the cards and laminate them, if possible, for extra durability.
3. For students: use the cards to learn the sounds by quickly testing yourself in spare minutes of the day, e.g. on the bus, at lunchtime, when you're watching TV, etc.
4. For teachers: use the cards to test your class for a short period of time every day, just to keep the identifiers and sounds in your students' minds, or give a set of cards to each student and encourage them to practise in pairs or small groups. You could use some or all of the activities below.

Key to Abbreviations

v / s = short vowel sound
v / l = long vowel sound
d = diphthong
c / v = voiced consonant (i.e. your vocal cords vibrate when you make it; feel your throat as you make a sound to find out whether it's voiced or not; if it vibrates, it is voiced!)
c / u = unvoiced consonant (your vocal cords don't vibrate when you make this kind of sound)

Note: it's well worth getting students to learn the Clear Alphabet sounds with an extra layer of detail, so that they learn the concepts above. For example, that e isn't only a vowel sound, but that it's a *short* vowel sound; or that n isn't only a consonant sound, but it's a *voiced* consonant sound that makes your vocal cords vibrate – and also a friendly consonant sound.

Suggested Classroom Activities

I made my own flashcards like these to learn and memorise which sound each symbol of the IPA represented, when I was training to be an English teacher more than twelve years ago, but there are lots of other ways in which you could use them beyond simply learning quietly at home:

a) Put all of the cards on the table – simple side up – in front of your students. Say a sound, and the first to find the correct card is the winner. Or, say "voiced consonant" or "long vowel sound", etc. (as above) and the first to find one is the winner.

Clear Alphabet Dictionary

Learn the Clear Alphabet with Flashcards

b) Show a card with a sound on it and students have to say a word each that includes this sound.
c) Students have to put several of the cards in order to make a simple word, e.g. "cat" =

k	a	t

d) Or you could ask students to spell out their first name, or the make of their car, or their first pet's name, etc., or one (or more) of any current vocabulary word or phrase, using the cards. You may need a few sets of cards to be able to do this.
e) Try this fun game for two students working in a pair (it could also be adapted for two small groups battling each other). Each student has half the cards from the set. They hold them in their hands in a (shuffled) pack so that the other student can't see which cards they've got. The first student produces the first card and their partner has ten seconds (or five, if your group is at a good level!) to say an English word that contains that sound. If they are correct they get the card, and put it in a separate pile from the pack in their hands. If they are wrong, or can't think of a word, the original student gets to keep the card, again putting it in a separate pile. Play alternates between the two students and continues until the students don't have any cards left in their hands. The winner will be the student with the most cards at the end of the game (or at the end of an agreed period of time, e.g. fifteen minutes). A variation to make the game harder would be to insist on two words (or more) for each sound, or to get the students to write the words using the Clear Alphabet, as well as saying them.
f) Use the rhyming words listed on pp.30-40 to demonstrate how the same sounds in English can be achieved with very different spelling patterns. See also the information on Vowel Clusters (from p.203) and Consonant Clusters (from p.217) later in the dictionary.You could make the important point that English is not a phonetic language, and that the spelling of a word in English often bears little or no relation to the sounds that it contains.
g) Or use the rhyming words to get students saying lots of words with the same vowel sound out loud. You could even get them to write sentences using as many words which have the same vowel sound in them as possible, for example:

Sound: ee

Sentence: "Pete's feet feel the need for speed each week."

or:

Sound: ei

Sentence: "Jane's Danish mate made it plain that her place in Spain was a waste of space."

Why not collect together the funniest or longest sentences and make a classroom display, or book.

[This article was adapted from *Talk a Lot Elementary Handbook*.]

Clear Alphabet Dictionary

Simple Flashcards (Page 1 of 5)

i **Talk** a **Lot**	a **Talk** a **Lot**
o **Talk** a **Lot**	uu **Talk** a **Lot**
uh **Talk** a **Lot**	e **Talk** a **Lot**
ii **Talk** a **Lot**	ee **Talk** a **Lot**
ar **Talk** a **Lot**	or **Talk** a **Lot**

Clear Alphabet Dictionary

Detailed Flashcards (Page 1 of 5)

a bat Bat v / s	**i** dish Dish v / s
uu pull Puul v / s	**o** sock Sok v / s
e leg Leg v / s	**uh** arrive uh Raiv v / s
ee three Ttree v / l	**ii** happy Ha pii v / s
or ball Borl v / l	**ar** star Star v / l

Clear Alphabet Dictionary

Simple Flashcards (Page 2 of 5)

oo **Talk** a **Lot**	er **Talk** a **Lot**
u **Talk** a **Lot**	ei **Talk** a **Lot**
ai **Talk** a **Lot**	oy **Talk** a **Lot**
eir **Talk** a **Lot**	aiy **Talk** a **Lot**
eu **Talk** a **Lot**	au **Talk** a **Lot**

Clear Alphabet Dictionary

Detailed Flashcards (Page 2 of 5)

er shirt Shert v / l	**oo** shoot Shoot v / l
ei plane Plein d	**u** cup Kup v / s
oy toy Toy d	**ai** time Taim d
aiy hire Haiy d	**eir** pear Peir d
au cow Kau d	**eu** home Heum d

Clear Alphabet Dictionary

Simple Flashcards (Page 3 of 5)

iy **Talk** a **Lot**	uuw **Talk** a **Lot**
auw **Talk** a **Lot**	b **Talk** a **Lot**
g **Talk** a **Lot**	v **Talk** a **Lot**
t **Talk** a **Lot**	d **Talk** a **Lot**
tt **Talk** a **Lot**	th **Talk** a **Lot**

Clear Alphabet Dictionary

Detailed Flashcards (Page 3 of 5)

uuw pure Pyuuw d	**iy** here Hiy d
b bag Bag c / v	**auw** power Pauw d
v van Van c / v	**g** glass Glars c / v
d dice Dais c / v	**t** taxi Ta ksii c / u
th brother Bru th c / v	**tt** thousand Ttau znd c / u

Clear Alphabet Dictionary

Simple Flashcards (Page 4 of 5)

p **Talk** a **Lot**	k **Talk** a **Lot**
s **Talk** a **Lot**	sh **Talk** a **Lot**
ch **Talk** a **Lot**	h **Talk** a **Lot**
r **Talk** a **Lot**	w **Talk** a **Lot**
y **Talk** a **Lot**	m **Talk** a **Lot**

Clear Alphabet Dictionary

Detailed Flashcards (Page 4 of 5)

k kit Kit c / u	**p** pig Pig c / u
sh shop Shop c / u	**s** snow Sneu c / u
h head Hed c / u	**ch** cheese Cheez c / u
w week Week c / v	**r** road Reud c / v
m music Myoo zik c / v	**y** yoghurt Yo gt c / v

Clear Alphabet Dictionary

Simple Flashcards (Page 5 of 5)

n **Talk** a **Lot**	ng **Talk** a **Lot**
l **Talk** a **Lot**	f **Talk** a **Lot**
z **Talk** a **Lot**	zz **Talk** a **Lot**
j **Talk** a **Lot**	hh **Talk** a **Lot**
Talk a **Lot**	— **Talk** a **Lot**

Clear Alphabet Dictionary

Detailed Flashcards (Page 5 of 5)

ng ring Ring c / v	**n** nurse Ners c / v
f frog Frog c / u	**l** lake Leik c / v
zz revision r Vi zzn c / v	**z** zip Zip c / v
hh loch Lohh c / u	**j** jam Jam c / v
_ football Fuu_ borl (glottal stop)	

Learn the Clear Alphabet

Rhyming Words – Vowel Sounds 1

All of the words in each group are ***rhyming words*** *– they all share the same vowel sound. Notice the different* ***spelling patterns*** *that we can use to make the same vowel sound. Can you think of any more words with the same vowel sounds and spelling patterns?*

i

vowel sound in 'f ***i*** *sh'*

fish
dish
wish

bid
hid
lid
did

fill
hill
Jill
still
pill
bill
Bill
chill
will
kill

pit
it
hit
nit
lit
bit
spit
wit

spin
chin
win
tin
gin

limb

list
mist

missed
kissed
hissed

ii

vowel sound in 'empt ***y****'*

empty
guilty
honesty

rugby

lovely
lily

juicy
Lucy

smelly
jolly
chilly
frilly
Billy
really

pretty
Betty

hockey
jockey

movie
smoothie

ee

vowel sound in 'f ***ee*** *t'*

feet
meet
sheet

feat
heat
neat
seat
treat

Pete
mete

deed
need
feed
speed

lead
knead

heal
steal
deal

peel
heel
wheel

speak
leak

peek
cheek

dream
team
steam

seen
been

clean

Learn the Clear Alphabet

Rhyming Words – Vowel Sounds 2

*All of the words in each group are **rhyming words** – they all share the same vowel sound. Notice the different **spelling patterns** that we can use to make the same vowel sound. Can you think of any more words with the same vowel sounds and spelling patterns?*

a

*vowel sound in 'h **a** t'*

hat
cat
fat
spat
chat
gnat
splat
bat
brat
mat

Matt

can
span
man
ban
nan
tan
ran
fan
van

land
hand
stand
band
and
bandstand
handstand
understand
brand
sand

pal
gal

map
chap
trap
flap
clap

tap
lap
cap
nap
sap
rap
gap
yap

channel

banner
spanner
manner

tank
prank
spank
sank
thank
bank
shank
yank

thanks

back
slack
hack
sack
shack
tack
knack

ar

*vowel sound in 'c **ar**'*

car
far
bar
tar
char
par
mar
star
guitar
Qatar

are

hurrah
shah

spa
bra
cha-cha
ta
pa

ask
task
bask
cask
mask

branch

hard
card
lard
bard

charred
barred
jarred

bark
lark
park
hark

mark
Mark
dark

shark

barber

harbour

tart
cart
smart
art
part
dart
mart
hart

heart

chance
dance
prance
lance
advance
stance

father
lather
rather

Arthur

bath

Learn the Clear Alphabet

Rhyming Words – Vowel Sounds 3

All of the words in each group are ***rhyming words*** *– they all share the same vowel sound. Notice the different* ***spelling patterns*** *that we can use to make the same vowel sound. Can you think of any more words with the same vowel sounds and spelling patterns?*

o

vowel sound in 'g ***o*** *t'*

got
hot
knot
not
shot
lot
rot
plot
slot
trot
clot
hotpot
cot
jot
pot
sot
tot

salt
halt
Walt
malt

bolt
colt
dolt

vault
fault

moult

stop
top
chop
hop
prop
mop
cop
fop
pop
sop

box
fox
cox

off
scoff

on
con
Ron

Yvonne

John

gone

from

sock
knock
rock
clock
shock
dock

wok

rob
Bob
sob
cob
job
lob
fob
hob

odd

wad

or

*vowel sound in '****or****'*

or
for
nor

pour
four
your

poor
door

pore
sore
more
bore
yore
wore
core
fore
gore
whore
tore
lore

law
jaw
paw
straw
draw
raw
saw

war

oar
hoar

horse
Norse

coarse

force

talk
walk
chalk

hawk
squawk

fork
pork
York

board
hoard

sword

fought
nought
ought

wart

form
dorm

warm

warn

lawn
prawn
sawn
pawn

torn
forlorn

Learn the Clear Alphabet

Rhyming Words – Vowel Sounds 4

*All of the words in each group are **rhyming words** – they all share the same vowel sound. Notice the different **spelling patterns** that we can use to make the same vowel sound. Can you think of any more words with the same vowel sounds and spelling patterns?*

uu

*vowel sound in 'p **u** t'*

put

soot
foot

book
hook
look
cook
crook
shook
brook
took
rook

wool

bull
full
pull

push
bush

whoosh

good
hood

could
should
would

you'd

oo

*vowel sound in 'r **oo** m'*

room
loom
doom

womb

to

too

two

hue
cue

you

stew
few
brew
new
crew

queue

route

boot
loot

newt

cute

use
fuse

shoes

lose

bruise

June
dune

moon
soon

cool
fool
pool
school

group
soup

Learn the Clear Alphabet

Rhyming Words – Vowel Sounds 5

*All of the words in each group are **rhyming words** – they all share the same vowel sound. Notice the different **spelling patterns** that we can use to make the same vowel sound. Can you think of any more words with the same vowel sounds and spelling patterns?*

uh

vowel sound in 'a go'

ago
adore
about
around
annoy
apart
aware

env**e**lope

fam**ou**s

roy**a**l
loy**a**l

b**a**nan**a**

comput**er**
heat**er**
und**er**
us**er**
teach**er**
pow**er**
tow**er**
broth**er**
moth**er**
fath**er**
sist**er**
daught**er**

umbrell**a**
a

th**e**

until
unless

presid**e**nt
resid**e**nt
confid**e**nt

someb**o**dy

anyb**o**dy
nob**o**dy

Lond**o**n

wom**a**n

fam**i**ly

mot**o**rway

endl**e**ss
faithl**e**ss
harml**e**ss

er

*vowel sound in 'h **er**'*

her
per

stir
fir

fur

purr

whirr

heard

herd
nerd

bird

stirred

purred

word

curd
turd

perch

lurch
church

birch

search

murder

girder

learn
earn

turn
burn

stern
fern

worm

term
perm

firm

shirt
skirt

hurt

pert

first
thirst

worst

worse

curse

verse

world

girl

furl
hurl
curl

earl
pearl

twirl

Learn the Clear Alphabet

Rhyming Words – Vowel Sounds 6

*All of the words in each group are **rhyming words** – they all share the same vowel sound. Notice the different **spelling patterns** that we can use to make the same vowel sound. Can you think of any more words with the same vowel sounds and spelling patterns?*

e

*vowel sound in 't **e** n'*

ten
hen
wren
den
men
pen
when

gem
hem

fell
tell
bell
smell
swell
shell
dwell
spell
well

gel

spend
mend
tend
lend
wend
bend
end
trend

wreck
speck
deck
neck
peck

tech

cheque

get

met
let
bet
net
jet
pet
set
vet

debt

help
yelp

melt
dwelt
Celt

tense

pence
whence

led
bed
wed
red
Ted

head
lead

edge
hedge
wedge
ledge

egg

beg
peg
keg
leg

u

*vowel sound in '**u** p'*

up
cup
sup
pup

mud
thud
bud
stud
cud

blood
flood

rub
hub
club
pub
snub
scrub
cub
tub

but
hut
shut
cut
nut
rut

butt
putt
mutt

luck
duck
muck
chuck
buck
puck
suck
tuck

sun
fun
bun
shun
stun
gun
nun
pun
run

ton
won
son

one
done

gull
mull
dull
lull
cull

honey
money

sunny
funny
bunny
runny

sum
hum
gum
chum
rum

numb
dumb

Learn the Clear Alphabet

Rhyming Words – Diphthongs 1

*All of the words in each group are **rhyming words** – they all share the same diphthong. Notice the different **spelling patterns** that we can use to make the same diphthong. Can you think of any more words with the same diphthongs and spelling patterns?*

ei

*vowel sound in 'r **ai** n'*

rain
train
Spain
lain
gain
main
chain
pain
plain

plane
Jane
cane
sane
Dane

reign
feign

mainly
plainly

waste
paste
haste
taste
chaste
baste

laced
raced
faced

base
case
chase
lace
face
pace
race
mace
place

plaice

plague
vague

nail
sail
hail
pail
bail
fail
jail
wail

whale

bait

date
skate
gate
late
fate
mate

weight
eight
freight

shame
lame
came
tame

take
bake
cake
Jake
sake
make
wake
lake
shake

eu

*vowel sound in '**ow** n'*

own
grown
thrown
shown
known

bone
cone
lone
hone
throne
clone
phone
stone

loan
groan
moan

cologne

sewn

phoned
cloned
stoned

moaned
loaned

owned

hope
mope
cope

drove
wove

roam
foam
loam

home
dome
tome

comb

roamed

won't
don't

grow
blow
know
row
show
stow

oh

owe

woe

hole
whole
pole
mole
sole

soul

soak

poke
woke

explode

load

loaf
oaf

Learn the Clear Alphabet

Rhyming Words – Diphthongs 2

All of the words in each group are ***rhyming words*** *– they all share the same diphthong. Notice the different* ***spelling patterns*** *that we can use to make the same diphthong. Can you think of any more words with the same diphthongs and spelling patterns?*

ai

vowel sound in 'b ***y****'*

by
spy
sty
shy
my
cry
try

buy
guy

hi
pi

pie
die
lie
tie

I

eye
bye
Skye

bike
hike
pike
like

style

stile
while
mile
Nile
tile
pile

tied
lied

ride

hide

child
wild

tiled
piled

styled

kite
spite
white
bite

byte

quite

height

flight
might
night
sight
tight
right
bright

wine
shine
mine
line

sign

time
lime

rhyme

blind
find

au

vowel sound in 'c ***ow****'*

cow
how
now
wow
bow
row
brow
allow

bough
plough

owl
howl
cowl
yowl
scowl
jowl
fowl

loud
proud
cloud

crowd

bowed
cowed

house
mouse
douse

out
shout
lout
gout
about
pout
tout
trout

doubt

clown
town
brown
crown

pound
found
sound
wound
hound
mound
round

around
abound
astound

gowned

Learn the Clear Alphabet

Rhyming Words – Diphthongs 3

*All of the words in each group are **rhyming words** – they all share the same diphthong. Notice the different **spelling patterns** that we can use to make the same diphthong. Can you think of any more words with the same diphthongs and spelling patterns?*

oy

*vowel sound in 't **oy**'*

toy
coy
boy
soy
Roy
annoy
ploy
joy
Troy
cloy
destroy
employ
decoy
deploy

Illinois

toyed
annoyed
employed
deployed
overjoyed
enjoyed

void
avoid

Lloyd

Freud

boil
soil
toil
coil
foil
spoil
oil

soiled
toiled
coiled
foiled
spoiled
oiled
boiled

iy

*vowel sound in '**ear**'*

ear
year
hear
appear
dear
clear
near
tear
gear
fear
disappear
rear
sear

cheer
beer
leer
sheer
peer
deer
steer
engineer
pioneer
volunteer
jeer
veer

pier
tier
chandelier
cavalier

here
sphere
mere

we're

Zaire

pierce

peered
steered
cheered
pioneered

cleared
neared
feared
reared
seared

tiered

cheering
peering
steering
leering
pioneering
jeering
veering

searing
fearing
nearing
clearing

shield
wield
field

kneeled

kneel

Neil

heal
seal
meal
weal

Learn the Clear Alphabet

Rhyming Words – Diphthongs 4

All of the words in each group are ***rhyming words*** *– they all share the same diphthong. Notice the different* ***spelling patterns*** *that we can use to make the same diphthong. Can you think of any more words with the same diphthongs and spelling patterns?*

eir

*vowel sound in '**air**'*

air
chair
hair
fair
lair
stair
pair
affair
despair
flair
éclair
unfair

where
there

their

they're

wear
tear
bear

mare
pare
stare
rare
fare
share
prepare
declare
dare
flare
care
bare
compare
beware
aware
Clare

Claire
millionaire
commissionaire

aired
chaired
despaired
paired

pared
stared
fared
bared
shared
prepared
declared
compared
dared
flared
cared

laird

square

uuw

*vowel sound in 't **our**'*

tour

tourist

tourism

plural
rural
mural

neural

usual
unusual

neurotic

pure
sure
cure
assure
lure
allure

purely
surely

furious
curious
luxurious

cured
lured
assured

touring

alluring
assuring
luring
curing

luxuriant

curio

you're

Learn the Clear Alphabet

Rhyming Words – Diphthongs 5

All of the words in each group are ***rhyming words*** *– they all share the same diphthong. Notice the different* ***spelling patterns*** *that we can use to make the same diphthong. Can you think of any more words with the same diphthongs and spelling patterns?*

aiy

vowel sound in 'f ***ire****'*

dire
fire
hire
ire
mire
shire
sire
spire
tire
wire

attired
fired
mired
sired
tired
wired

aspire
attire
ceasefire
conspire
desire
entire
expire
inspire
perspire
retire
sapphire
satire
transpire
umpire

Ireland

acquire
enquire
squire

briar
liar

psychiatrist

prior

higher

buyer
dryer
flyer

lyre
pyre
tyre

crier
drier
trier

pliers

science

choir

bias
diagnosis
diary

environment
iron

violence
violin
lion

virus

quiet

auw

*vowel sound in '****our****'*

dour
flour
hour
our
scour
sour

devour

ours
ourselves

bower
cower
dower
flower
Gower
glower
power
shower
tower

cauliflower

vowel

Clear Alphabet Dictionary

Learn the Sounds of English with the Clear Alphabet – Sample Lesson Plan

Activity Type:	Introduction to the sounds of English with the Clear Alphabet
Level:	Elementary – Pre-Intermediate
Skills:	Speaking & Listening; Pronunciation
Class Size:	Whole group lesson, e.g. ten students in a group
Time:	1 hour
Aim:	To introduce the sounds of English with the Clear Alphabet; to lay the foundations for further study with the Clear Alphabet
Materials:	x1 Clear Alphabet chart handout (p.17) per student, whiteboard and pens; students have their notebooks and pens

Note: this lesson focuses on teaching the vowel sounds of English, with only a little focus on the consonant sounds. This is because most of the consonant sounds can be guessed at, because they are encountered in English already (e.g. g , t , d , etc.). The vowel sounds are more difficult to learn from scratch, so we spend more time with them during this lesson, although we do also look at some of the stranger-looking consonant sounds (e.g. ng , tt , zz , etc.) towards the end of the lesson.

Procedure:

1. Give out the handouts as students come into the class. This gives them time to look at them, comment (e.g. *"On no!"*), and get ready for the lesson.

2. Tell students that you're going to learn the sounds of English with the Clear Alphabet. Write on the board:

Vowel sounds

Your language: ____
English: ____

Elicit how many vowel sounds there are in your students' first language (or different students' first languages for mixed nationality groups), and write it on the board. Make sure you know that answer before the lesson, e.g. in Polish there are 8 vowel sounds. Elicit from students how many vowel sounds there are in English (23). No doubt they will be surprised at the disparity between the two numbers. In English there are a lot of vowel sounds! Explain that lack of knowledge of English vowel sounds causes many mistakes in pronunciation.

3. Explain why you are doing this activity today. When I did this, I read a short text in Polish (which my friend helped me to write, because I'm an elementary rather than fluent Polish speaker). The text helped the students to understand the aims of the lesson. It went something like this (in Polish):

Clear Alphabet Dictionary

Learn the Sounds of English with the Clear Alphabet – Sample Lesson Plan

"If you know the phonetic alphabet, you know how to pronounce words. This alphabet gives you power. Power!"

(Here I emphasised the word "power" ("moc") in Polish for comic effect, as well as to make my point: **"Da wam moc! Moc!" – "Gives you power! Power!"**)

"You will be able to speak better in English. Polish is a phonetic language. In general, you write like you speak."

(Here I stopped to emphasise this important concept. I pointed out that, for example *"The letter 'a' in Polish is always pronounced a , and the letter "o" in Polish is always pronounced o . Pronunciation in Polish is generally easier than in English."* The students agreed. I asked them in Polish: "Is English a phonetic language?" The students grimaced and shook their heads, laughing, because no, of course English is most definitely **not** a phonetic language!)

"English is not a phonetic language. We write differently to how we speak."

(I illustrated this by writing the following words on the board: "my", "high", "pie" and eliciting the pronunciations. I wrote each word phonetically and explained that in the dictionary there are two spellings for each word. The normal spelling is usually no help at all for working out the sound of the word. By contrast, the phonetic spelling gives us the sound of the word. You could use more examples to show that although English words can have exactly the same sounds, the spellings can be completely different. Students sometimes ask why this is, but the lesson's too short to go into the answer in much detail, although you could explain that English has developed from many different languages over hundreds of years, which has helped to push spellings and sounds apart.)

different spellings:	same vowel sound:
my	mai
high	Hai
pie	Pai

4. Once everybody understands why they're doing the lesson, write on the board:

8 short vowel sounds | 5 long vowel sounds | 10 diphthongs

Drill each group of sounds in turn. I asked my students to listen, repeat, and write notes. I read each sound loudly and clearly four times, with students repeating each time, and writing down notes about each sound to help them remember it. They were able to use letters from Polish to represent each sound. Give a good, clear model of each sound, or use the .mp3 file from the Talk a Lot website as your classroom model: https://tinyurl.com/ca-sounds
Use examples of words that contain each sound, e.g. the ones on the handout, or different words that your students will know.

Clear Alphabet Dictionary

Learn the Sounds of English with the Clear Alphabet – Sample Lesson Plan

Highlight sounds that are the same in your students' first language and in English. For example, the sound o is the same in Polish and in English. In English, the pronunciation Sok means "sock", that we wear on a foot, whilst in Polish Sok means "juice" that we drink from a bottle. Let your students have fun and enjoy making the sounds, which may be new for many of them. My Polish students love saying the long vowel sounds, or the guttural grunt schwa uh (that comes from the belly), and the classroom is filled with laughter, as well as the vowel sounds of English!

5. Explain that diphthongs are "double sounds" or two sounds together. For example:

e + i = ei

Encourage students to try saying the two sounds together, getting quicker and quicker until they arrive at the diphthong ei . Show students how the mouth has to move when pronouncing a diphthong – changing from the first position (for the first sound) to the second position (for the second sound). Spoken English is a work-out for the mouth and tongue!

6. After modelling and drilling short vowel sounds, long vowel sounds, and diphthongs, go back to the beginning and ask your students to listen and repeat each sound (about four times). Here you may be able to spot some errors in speaking the sounds, that you can correct straightaway.

7. At this point I always stop and congratulate the group: "Well done! You can do it. You see, you **can** make all of the vowel sounds in English. You don't need to use all of these sounds in your language, but you **do** need to use them all in English."

8. Spend a few minutes looking at the consonant sounds. Explain that it is most important to be able to recognise the vowel sounds, because they are what cause the most confusion and the greatest number of errors in pronunciation. Elicit from students – by saying them out loud with them – that consonant sounds are either voiced (with voice) or unvoiced (without voice). Almost all of the consonant sound IDs look exactly how students would expect them to (unlike with the IPA), whilst a few are different and need closer attention:

- *22 consonant sound IDs that students are likely to know and recognise already:*

  b, ch, d, f, g, h, j, k, l, m, n, ng, p, r, s, sh, t, th, v, w, y, & z

- *3 consonant sounds that look different from how we expect, and need extra study:*

  tt, zz, hh

9. Take general feedback from students and answer any questions they might have. There's been a lot to take in! Explain that this lesson is only an **introduction**, that they're not expected to learn all forty-eight sounds of English in one hour, and that you will continue to look at the sounds of English with the Clear Alphabet throughout the course – for example, using activities from this dictionary (see from p.47). Perhaps give out one set of flashcards to each student so that they can learn the sounds at home (see pp.20-29). You could also create your own tests to check students' progress (see Sample Test on p.44).

[This article was adapted from *Talk a Lot Elementary Handbook*.]

Clear Alphabet Test (Sample)

1. Write your first name using the Clear Alphabet: ____________________

2. Write two words in English that contain the same vowel sound:

a) i ____________________
b) a ____________________

3. Write two words in English that contain the same diphthong:

a) ei ____________________
b) eir ____________________

4. Write two words in English that contain the same consonant sound:

a) tt ____________________
b) ch ____________________

5. Translate the following sentences into English:

a) n Ta sh Du zn_ Won_ e nii So s jz.

b) ai Nee d Ku p l Vnyoo Sher_z

6. Write the following sentences using the Clear Alphabet:

a) Can I have a drink, please? ____________________

b) My brother's name is Phil. ____________________

c) He wants me to go to the theatre. ____________________

d) There isn't any coffee. ____________________

7. Write these words in your first language, then (where possible) translate the results into the Clear Alphabet:

a) bread ____________________
b) newspaper ____________________
c) friend ____________________
d) shoulder ____________________

Clear Alphabet Dictionary

Clear Alphabet Test (Sample) – Answers

Answers:

1. Answers will vary.

2. Answers will vary, for example:

a) i f*i*sh, h*i*ll
b) a c*a*t, fl*a*t

3. Answers will vary, for example:

a) ei tr*ai*n, p*ai*n
b) eir c*are*, th*ere*

4. Answers will vary, for example:

a) tt *th*umb, *th*ink
b) ch *ch*air, it*ch*

5.

a) Natasha doesn't want any sausages.

b) I need a couple of new shirts.

6.

a) Can I have a drink, please?	k nai Ha v Dring, Kpleez?
b) My brother's name is Phil.	mai Bru th Znei mi Sfil.
c) He wants me to go to the theatre.	hi Won_ smi t Geu t th Ttiy t.
d) There isn't any coffee.	th Ri zn te nii Ko fii.

7. Answers will vary.

Clear Alphabet Dictionary

Classroom Activities for Learning the Clear Alphabet

Here are some classroom activities for learning the Clear Alphabet. Simply choose a handful to build your pronunciation lesson. Of course, you could also use your own ideas and activities with the Clear Alphabet. The activities fall into the following categories:

1. Translation
2. Vowel Sounds
3. Schwa Sound
4. Consonant Sounds
5. Connected Speech
6. Syllable Focus
7. Sound Focus
8. Word Focus

1. <u>Translation</u>

- Translate words and phrases (items) into English, e.g. one page, one column, or a fixed number. For lower-level learners: use the reduced list of 400 Elementary Words (from p.140), or the even shorter list of 100 Basic Words with the Clear Alphabet (p.185).
- Say a word or phrase – your partner writes it with the Clear Alphabet; they say one – you write it with the Clear Alphabet.
- Translate words into your first language, e.g. one column or one page.

2. <u>Vowel Sounds</u>

- Choose an item and sound out loud each phoneme (sound) in each syllable; then sound out loud each syllable separately; then say the item. Pay particular attention to stressing the stressed vowel sound.
- Circle the stressed vowel sound in an item written in the Clear Alphabet.
- Identify the stressed vowel sounds in one set of items (e.g. one page) and put them into groups. Which sounds occur most/least frequently? How many are long or short? Focus on learning the most common vowel sounds.
- Which vowel letters are most often reduced when we speak? Tip: look at the weak stressed syllables in a group of words and identify where sounds have been reduced, e.g. "to" is often pronounced t in a sentence, meaning that the oo sound has been reduced, and "for" is often pronounced f in a sentence, meaning that the or sound has been reduced.
- Find *x* (5, 10, 20, or whatever) examples of assonance – words and phrases that have the same vowel sounds (stressed or not). This could be with a pair or group of words, e.g. "hair" and "wear" both share the same vowel sound: eir . Or it could be within the same word or phrase, e.g. the word "expensive" has two e sounds: e Kspen siv , while the phrase "fruit juice" has two oo sounds: Froo_ Joos .
- Find *x* items which have sounds from a particular vowel sound group: short, long, or diphthong.
- Find *x* items that have a stressed vowel sound which also appears in another syllable in the same item, e.g.

roundabout	**Raun** d b**au**t
steering wheel	St**iy** ring w**iy**l

Classroom Activities for Learning the Clear Alphabet

Wi-Fi	Wai fai
work experience	wer k Kspiy riyns

- Using a given set of items, make groups of words which have the same vowel clusters in the normal spelling, then match them with their Clear Alphabet counterparts. Emphasise the point that while vowel clusters in the Roman alphabet vary wildly – with sometimes many different spellings for the same sounds – each sound always looks the same in the Clear Alphabet:

  Clear Alphabet spelling: er

  Some of the vowel clusters used to represent this sound in the Roman alphabet:

  h**er**, st**ir**, f**ur**, l**ear**n, w**or**ld, **ear**l, p**urr**, wh**irr**, w**ere**, b**urgh**, etc.

  The section *Rhyming Words – Vowel Sounds and Diphthongs* on pp.30-40 will be useful for this. See also from p.203 for more about vowel clusters.

- Challenge SS to find words which are comprised completely of one vowel sound, e.g. I, are, hour, etc. There are 9 of this kind of word in the dictionary:

a	uh
air	Eir
are	ar
ear	Iy
eye	Ai
hour	Auw
I	ai
or	or
owe	Eu

3. <u>Schwa Sound</u>

- Find x items that have a schwa sound (either the visible uh , or an invisible embedded schwa sound) and practise pronouncing them – paying particular attention to the schwa sound.

- Look for x examples of an embedded schwa sound, which is a schwa sound that occurs naturally after saying a consonant sound, e.g. in the word "cinema" there are two embedded schwa sounds: Si n m . One occurs naturally when we pronounce the sound n and the other occurs naturally when we say m .

- List x words which have visible schwa sounds, e.g.

uh Gree	agree
uh Plai	apply

  Tip: these will generally be words that begin with "a-" which means that there isn't a consonant sound for the schwa to be embedded in. See pp.229-230 for a list of *Two-Syllable Words where the First Syllable is a Schwa*.

- Look for x items with more than one syllable that do not have any schwa or short i sounds (known as the "2nd schwa sound") – but a full vowel sound in every syllable, e.g.

borrow	Bo reu
download	daun Leud

Classroom Activities for Learning the Clear Alphabet

freesheet	**Free** sh**ee**t
product	Pr**o** d**u**kt

Note how most words and phrases contain at least one schwa or short i sound, and often more than one.

- Find x items that have one or more short i sounds in the weak stressed syllables, e.g.

m Ka n**i**k	mechanic
Rai t**i**ng	writing

4. Consonant Sounds

- Choose an item and sound out loud each phoneme (sound) in each syllable; then sound out loud each syllable separately; then say the item. Pay particular attention to stressing the stressed vowel sound.

- Find x items which have voiced/unvoiced consonant sounds.

- Find x examples of consonance – words and phrases that have the same consonant sounds. This could be with a pair or group of words, e.g. "you" and "yet" both start with the same consonant sound: y . Or it could be within the same word or phrase, e.g. the word "mushroom" begins and ends with a m sound: Mu shroom , while the word "surface" begins and ends with a s sound: Ser fs .

- Find x items which have a syllable which consists only of consonant sounds (with or without an embedded schwa sound), e.g.

sequel	See **kwl**
husband	Hu **zbnd**

Practise pronouncing all the sounds in these syllables. (Remember that they are not stressed!)

- Identify x different consonant clusters and compare them with the Roman alphabet. Notice that they are often the same, e.g.

bread	**Br**ed
change	**Ch**einj

...but not always, e.g.

thick	**Tt**ik
cou**gh**	Ko**f**

See from p.217 for more about consonant clusters.

5. Connected Speech

- Discuss how phonetic spelling changes when a word is added to a sentence, e.g. when a word ending with a consonant sound meets a word beginning with a vowel sound, the consonant sound usually moves forward: "small apple" = Smor La pl . See *Talk a Lot Foundation Course* for more on connected speech.

- Look for x examples of assimilation where a sound changes making it easier to pronounce with the next sound, e.g. b can become p :

job security	jo ps Kyuuw r tii
website	We psait

See *Problem Sound Connections* from p.170 for more examples.

- Look for x examples of elision, where the first sound in a cc sound connection is deleted, making the connection easier to pronounce, e.g.

friendship	Fren ship
sit down	Si_ Daun

See *Words and Phrases with Glottal Stops* on p.166 for more examples.

- Look for x examples of FCL (forward consonant linking), e.g.

Pacific Ocean	p si fi Keu shn
whatever	wo Te v

...and many phrasal verbs, e.g. "come in" = Ku Min

- Look for x examples of vv (vowel sound to vowel sound) linking, e.g.

emergency exit	i mer jn sii Ye_ ksit
humiliate	hyoo Mi lii yeit
interviewer	In t vyoo w

- Look for x examples of problem sound connections, where the Clear Alphabet looks awkward, e.g.

vegetable	Ve cht bl
popcorn	Po pkorn

See *Problem Sound Connections* from p.170 for more examples.

- List x items which have one or more syllables ending with a friendly consonant sound: m , n , ng , or l .
- Find x items that have a glottal stop and practise making glottal stops. See *Words and Phrases with Glottal Stops* on p.166 for more examples.

6. <u>Syllable Focus</u>

- Mix up the order of syllables in a word or phrase and SS have to identify it. See p.200 for a sample activity using this idea.
- Remove one or more syllables from a word or phrase and SS have to identify the word, e.g. write the following on the board and SS have to guess the missing syllable and write it in both normal spelling and the Clear Alphabet, e.g.

pre zn_ Tei ________

The word is "presentation" and the missing syllable is: tion / shn

- Find x items that have one (or more) matching syllables, e.g.

km Pleet	complete
km Pyoo t	computer

Classroom Activities for Learning the Clear Alphabet

- Find *x* words that have one (or more) syllables which are phonetic, i.e. written the same in the Clear Alphabet and in normal spelling, e.g.

Win deu | **win**dow
Kam **ping** | cam**ping**

7. Sound Focus

- Choose a set of items from the dictionary (e.g. one page or half a page) and examine which sounds occur more or less frequently. For example, zz is not a very common sound in English, apart from in words with "vision".

- Choose a group of *x* words and phrases and compare how many letters each has versus how many phonemes (individual sounds) it has, e.g.

Normal Spelling:	*CA Spelling:*	*No. Letters:*	*No. Phonemes:*	
arrive	uh Raiv	6	4:	uh r ai v
what	Wot	4	3:	w o t

- Focus on learning IDs in Clear Alphabet which are not immediately obvious or intuitive (ee , oo , etc.) and need to be specifically learned, e.g. tt , zz , iy , _ , and so on.

8. Word Focus

- Focus on minimal pairs. A minimal pair is a pair of words which have exactly the same sounds, apart from one sound, e.g.

large	Larj	rice	Rais
laugh	Larf	right	Rait

There are plenty more examples on p.161, but also try to find your own examples.

Activity: **consonant sound sandwich**! Choose two consonant sounds and see how many different vowel sounds you can put between them to make new words... e.g. b – g: bag, bog, big, then two sounds in between, e.g. brag, blag, etc.; then three, and so on.

- Look for *x* examples of silent letters, which are letters which appear in the spelling of a word, but are not pronounced, e.g. the letter "w" in "wrist" or the letter "u" in "guess". See *Silent Letters* on p.162 for more examples.

- Look for *x* examples of hidden sounds – sounds that are pronounced in a word, but do not appear in the spelling, e.g. the ng sound in "pink" = Pingk .

  See *Hidden Sounds* from p.164 for more examples.

- Look for *x* sets of homophones, which are words that have all the same sounds, but different spellings and different meanings, e.g.

aunt, aren't	Arnt
eight, ate	Eit

See *100 Sets of Common Homophones* on p.160, but also try to find your own examples. You can find free printables about homophones to download at https://www.purlandtraining.com.

Clear Alphabet Dictionary

Classroom Activities for Learning the Clear Alphabet

- Look for *x* examples of common suffixes – notice how they are not stressed, e.g.

ing	dining table	Dai ning tei bl
tion	discrimination	di skri m Nei shn
ment	disillusionment	di s Loo zzn mnt
er	teacher	Tee ch
or	doctor	Do kt
y	happy	Ha pii

and so on. See pp.225-227 for more on the topic of suffixes.

- Find *x* words which look totally different from their normal spelling, e.g.

s Li s t	solicitor
Fyuuwl	fuel

- Find *x* items in the dictionary (or think of your own examples) which have different stress depending on the type of word they are, e.g. when "**re**cord" is a noun, we stress the first syllable, but when it's a verb ("re**cord**") we stress the second syllable. For more examples, see *List of Noun/Verb Homographs* on p.228.

- Put a group of *x* items written in the Clear Alphabet into alphabetical or reverse alphabetical order, e.g.

Alphabetical Order:	*Reverse Alphabetical Order:*
Eu pn	Yoo
Ke mist	Sen s ship
Sen s ship	Ke mist
Yoo	Eu pn

SS could then translate each item back into normal spelling.

- Make a list of features of the Clear Alphabet that are always or generally true, e.g. plural nouns tend to end with a z sound rather than s , and phrasal verbs are normally stressed on both syllables, and so on.

- Look at a group of *x* words and phrases written in the Clear Alphabet and discuss: which are easy to recognise and which are difficult? What are the possible reasons for this, e.g. some words are already phonetic in normal spelling and as such are spelled the same in the Clear Alphabet ("bus" = Bus) while other words contain phonetic spelling that may be unfamiliar for students, e.g. tt represents "th" in words like "thick". (See p.159 for more Phonetic Words.) Or the use of connected speech in the Clear Alphabet – spelling syllable by syllable – might be confusing for students at first, e.g. the use of FCL in the phrase "make sense": mei Ksens .

- Discuss words that come from the same root in both English and your first language, e.g. for Polish speakers: "million" (English) and "milion" (Polish); "mineral" (English) and "mineralny" (Polish). What difference is there in pronunciation? This can help to reveal interference from students' first languages, e.g. in Polish the language is fairly phonetic and all written letters are usually pronounced, while in English unstressed vowel sounds are generally not pronounced.

<u>6 fun activities using "Translate from Normal Spelling" pages:</u>

1. <u>Translation</u>

- Translate items into the Clear Alphabet, e.g. one page or one column.

Clear Alphabet Dictionary

Classroom Activities for Learning the Clear Alphabet

- Translate items into your first language, e.g. one page or one column.
- Print one page: how many words/phrases do you know? / not know? Translate them into your first language and learn them.

2. Word Focus

- Do any Discussion Word activities from *Talk a Lot Elementary Books 1-3* or *Intermediate Book 1* with a given group of words from the dictionary (or your own choice of words). Or you could base a complete *You Are The Course Book* Mode 1 process on your word list.
- Guess which Talk a Lot unit a word of phrase comes from, e.g. "learner driver" comes from "Unit 6: Cars" from *Talk a Lot Elementary Book 2*; or identify words that you think are not discussion words in any of the Talk a Lot books, e.g. "why" is not, because it's a function word rather than a noun, and similarly "busy" is not a discussion word, because it's an adjective.
- Look for homographs – two words which have the same spelling but different meanings, e.g. park (verb or noun), live (verb or adjective), rose (verb or noun), and import (verb or noun). For more examples of homographs see p.228.

8 fun activities using "Normal Spelling & Clear Alphabet Spelling" pages:

1. Word Focus

- The whole list makes a useful vocabulary list for all students to learn, from beginner level upwards.
- Record an audio (or video) version of a group of items, with a clear reading of each word and phrase.
- Use the dictionary to make list(s) of high-frequency words (e.g. the ten most common words in English) or words that you use a lot; list words that you know but seldom or never use, and resolve to try to use them more often; list words that are new for you and learn them – both spelling and sounds.
- Choose a group of x words, or half a page, or two pages and write beside each word or phrase what kind of word it is, e.g. noun, verb, adjective, etc.

brought	verb
brown	adjective
browse	verb
browser	noun

...and so on. Put the same kinds of words into groups (word classes), e.g. you could list x different colours, or past participles.

2. Sound Focus

- Compare the normal spelling with the phonetic spelling. Sound out each sound in the word.
- Look for words that rhyme, e.g. power, hour, flower, etc. For more on *Rhyming Words* see pp.30-40.

Clear Alphabet Dictionary

Classroom Activities for Learning the Clear Alphabet

- Study spelling and sounds further with any of the special topics in this book. See from p.159.

3. <u>Translation</u>

- Make a sentence using words picked randomly from the dictionary, e.g.

  boxing carrot popstar allergy

  The popstar always had an allergy to carrots after boxing.

  ...then translate it into the Clear Alphabet:

  th Po pstar Ror lwei Zha d Na l jii t Ka r_ sar ft Bo ksing.

  ...or use consecutive words in the dictionary which may or may not be related, e.g.

  referee refund refuse refute

  The referee refuted the argument of the sales assistant who had refused him a refund.

  ...which translates into the Clear Alphabet as follows:

  th re f Ree r Fyoo t_ thii Yar gy mn t vth Seil z si stn_ too w tr Fyoo sti m Ree fund.

<u>8 more fun things that you can do with this dictionary:</u>

- Study the longer phrases that had to be cut out of the main dictionary (p.167).
- Study the list of words and phrases that look confusing in the Clear Alphabet (p.168).
- Study problem sound connections in the Clear Alphabet (p.170).
- Learn high-frequency words in English with the Clear Alphabet (pp.140-157, and p.185).
- Practice translating and reading aloud different role plays and texts with the Clear Alphabet (pp.188-195).
- Compare the use of the Clear Alphabet and the IPA with a discussion words activity (pp.196-198).
- Use the Clear Alphabet to do practice activities from *Talk a Lot Foundation Course*, e.g. Cut-Up IPA Sentence (pp.200-201).
- Use the flashcards (from pp.18-29) and specially written practice material (pp.174-183) – or, even better, create your own!

Clear Alphabet Dictionary

Translate from Clear Alphabet to Normal Spelling

uh	____________________
ei yn Dee	____________________
uh Bit	____________________
uh Fyoo	____________________
uh Li tl	____________________
a b Deen	____________________
Ei bl	____________________
uh Baut	____________________
uh Buv	____________________
a ps Loo_ lii	____________________
a Kse l rei t	____________________
uh Ksept	____________________
A ks dnt	____________________
uh Kaunt	____________________
uh Kaun tnt	____________________
Eik	____________________
uh Chee vmnt	____________________
A knii	____________________
Akt	____________________
A kshn	____________________
A kt	____________________
A ktrs	____________________
Ad	____________________
uh Di kshn	____________________
A je ktiv	____________________
A dmi n si stnt	____________________
a d Le sns	____________________
uh do pt Tfa m lii	____________________
A dverb	____________________
a dver biyl Klorz	____________________
A dvert	____________________
A dv tai zing	____________________
uh Dvaiz	____________________
Eir r plein	____________________
uh Feir	____________________
uh Ford	____________________
Ar ft	____________________
ar ft Rorl	____________________
uh Gen	____________________
uh Genst	____________________
Eij	____________________
uh Geu	____________________
uh Gree	____________________
uh Gree with	____________________
Eir	____________________
Eir lain	____________________
Eir port	____________________
Aiyl	____________________
Al k ho lizm	____________________
Orl	____________________
A l jii	____________________
uh Lau	____________________
Al f bet	____________________
Orl seu	____________________
orl Theu	____________________
ol tn Tau wz	____________________
Orl weiz	____________________
Am	____________________
am Bi shn	____________________
Am by lns	____________________
uh Mung	____________________
uh Myoo zmn_ park	____________________
An	____________________
a n Stte tik	____________________
A n kist	____________________
And	____________________
Ang grii	____________________
A n ml	____________________
a n Mei shn	____________________
Ang kl	____________________
a n Ver s rii	____________________
uh Nu th	____________________
Am s	____________________
Ant	____________________

*Spelling and sounds are **different** in English. You have to learn **both parts** of each word!*

a	bat	b	bag	eir	pear	hh	loch	l	lake	or	ball	t	taxi	uuw	pure
ai	time	ch	cheese	er	shirt	i	dish	m	music	oy	toy	th	brother	v	van
aiy	hire	d	dice	eu	home	ii	happy	n	nurse	p	pig	tt	thousand	w	week
ar	star	e	leg	f	frog	iy	here	ng	ring	r	road	u	cup	y	yoghurt
au	cow	ee	three	g	glass	j	jam	o	sock	s	snow	uh	arrive	z	zip
auw	power	ei	plane	h	head	k	kit	oo	shoot	sh	shop	uu	pull	zz	revision

Clear Alphabet Dictionary

Translate from Clear Alphabet to Normal Spelling

E nii ____________________
E nii wun ____________________
uh Par_ mnt ____________________
uh Par_ mn_ blok ____________________
uh Po l jaiz ____________________
uh Po str fii ____________________
uh Piyl ____________________
uh Piy ____________________
uh Piy rns ____________________
A pl ____________________
a pl Kei shn form ____________________
uh Plai ____________________
uh Plai f ____________________
uh Poyn_ mnt ____________________
Ei prl ____________________
Ar ____________________
Eir riy ____________________
Arm ____________________
uh Raund ____________________
uh Reinj ____________________
uh Rest ____________________
uh Rai vl ____________________
uh Rai vlz ____________________
uh Raiv ____________________
Ar sn ____________________
Ar t kl ____________________
Ar tist ____________________
Az ____________________
uh Zlong uhz ____________________
uh Soo nz ____________________
uhz... uhz ____________________
Arsk ____________________
Ar Skaut ____________________
ar skp Mi shn ____________________
uh Sert ____________________
uh si m Lei shn ____________________
uh Shuuw ____________________

At ____________________
Eit ____________________
a Ttle tikz ____________________
uh Ta chmnt ____________________
uh Tak ____________________
Or diyns ____________________
Or gst ____________________
Arnt ____________________
o Strei liy ____________________
Or tt ____________________
or t bai Yo gr fii ____________________
or t Ma tik ____________________
Or tm ____________________
or Gzi l rii verb ____________________
uh Word ____________________
uh Wei ____________________
Bei bii ____________________
Bak ____________________
ba_ Ku v ____________________
Bad ____________________
Ba tmin tn ____________________
Bag ____________________
Bei k ____________________
Bei k rii ____________________
Ba lns ____________________
Borl ____________________
Ba lei ____________________
Ban ____________________
b Nar n ____________________
Bangk ____________________
Bang k kaunt ____________________
Bar bii ____________________
b ro s Va lii ____________________
Beis ____________________
Bei sborl ____________________
Bar ski_ borl ____________________
Bat ____________________

*Spelling and sounds are **different** in English. You have to learn **both parts** of each word!*

a	bat	b	bag	eir	pear	hh	loch	l	lake	or	ball	t	taxi	uuw	pure
ai	time	ch	cheese	er	shirt	i	dish	m	music	oy	toy	th	brother	v	van
aiy	hire	d	dice	eu	home	ii	happy	n	nurse	p	pig	tt	thousand	w	week
ar	star	e	leg	f	frog	iy	here	ng	ring	r	road	u	cup	y	yoghurt
au	cow	ee	three	g	glass	j	jam	o	sock	s	snow	uh	arrive	z	zip
auw	power	ei	plane	h	head	k	kit	oo	shoot	sh	shop	uu	pull	zz	revision

Clear Alphabet Dictionary

Translate from Clear Alphabet to Normal Spelling

Barth ____________________
Bar throom ____________________
Ba t rii ____________________
Bee ____________________
bi Yei bl t ____________________
bi Born ____________________
bi Kan sld ____________________
bi Fed ____________________
bi Ma rid ____________________
bi Mugd ____________________
bi Stopt ____________________
bi Ri tn bai ____________________
Beech ____________________
Beir ____________________
Beet ____________________
Byoo t fl ____________________
Byoo tii ____________________
b Koz ____________________
Bed ____________________
Be droom ____________________
Bee ____________________
Beef ____________________
Been ____________________
Biy ____________________
b For ____________________
Beg ____________________
b Gan ____________________
b Gin ____________________
b Haind ____________________
Bel farst ____________________
b Leev ____________________
b Leu ____________________
Belt ____________________
Bench ____________________
Ben Deu v ____________________
b Neett ____________________
Be n fi_s ____________________
Be n fi_ strap ____________________
b Reit ____________________
b Said ____________________
Best ____________________
be Stfrend ____________________
be Stman ____________________
Be t ____________________
b Tween ____________________
Baiys ____________________
Big ____________________
Baik ____________________
Bil ____________________
Bil yn ____________________
bai Yo gr fii ____________________
Berd ____________________
Bertt ____________________
Ber ttdei ____________________
Blak ____________________
Bla kmeil ____________________
Ble sing ____________________
Blo kbu st ____________________
Bleuk ____________________
Blud ____________________
Blu_ test ____________________
Blauz ____________________
Bloo ____________________
Blooz ____________________
Bor ding pars ____________________
Beut ____________________
Bo dii ____________________
Bo dii lang gwij ____________________
Beun ____________________
Buuk ____________________
Buu kshop ____________________
Boo m rang ____________________
Boot ____________________
Bor dm ____________________

Spelling and sounds are ***different*** *in English. You have to learn* ***both parts*** *of each word!*

a	bat	b	bag	eir	pear	hh	loch	l	lake	or	ball	t	taxi	uuw	pure
ai	time	ch	cheese	er	shirt	i	dish	m	music	oy	toy	th	brother	v	van
aiy	hire	d	dice	eu	home	ii	happy	n	nurse	p	pig	tt	thousand	w	week
ar	star	e	leg	f	frog	iy	here	ng	ring	r	road	u	cup	y	yoghurt
au	cow	ee	three	g	glass	j	jam	o	sock	s	snow	uh	arrive	z	zip
auw	power	ei	plane	h	head	k	kit	oo	shoot	sh	shop	uu	pull	zz	revision

Clear Alphabet Dictionary

Translate from Clear Alphabet to Normal Spelling

Bor ring ____________________
Bo reu ____________________
Beutt ____________________
Baun s ____________________
Born mth ____________________
Beu ling klub ____________________
Boks ____________________
Bo kso fis ____________________
bo Kset ____________________
Bo ksing ____________________
Boy ____________________
Boy frend ____________________
Brar ____________________
Bra ki_z ____________________
Brein ____________________
Breik ____________________
Brei klait ____________________
Bred ____________________
Breik ____________________
Brei Kdaun ____________________
Brei Kin ____________________
bri Klein ____________________
Braid ____________________
Brai tzmeid ____________________
Brij ____________________
Breef ____________________
Bril ynt ____________________
Bring ____________________
Bring Bak ____________________
Bring Daun ____________________
Briz bn ____________________
Bri stl ____________________
Bri tish ____________________
breu k Narm ____________________
breu kn Beun ____________________
breu kn Heum ____________________
Bru th ____________________

Bru th rin lor ____________________
Brort ____________________
Braun ____________________
Brauz ____________________
Brau z ____________________
Brooz ____________________
Brush ____________________
bu ji_ Eir lain ____________________
Bild ____________________
Bil d ____________________
Bil ding ____________________
Bil ding sait ____________________
Buu lii ying ____________________
Bum Pin t ____________________
Bung g leu ____________________
Ber gl r larm ____________________
Bus ____________________
Bu stop ____________________
Buush ____________________
Bi zni sklars ____________________
Bi zni strip ____________________
Bi zii ____________________
But ____________________
Buu ch ____________________
Bu t ____________________
Bu t flai ____________________
Bu tnz ____________________
Bai ____________________
Bai ____________________
bai th Wei ____________________
Ka fei ____________________
Korl ____________________
Karm ____________________
Keim brij ____________________
Keim ____________________
Kam ping ____________________
Kan ____________________

*Spelling and sounds are **different** in English. You have to learn **both parts** of each word!*

a	bat	b	bag	eir	pear	hh	loch	l	lake	or	ball	t	taxi	uuw	pure
ai	time	ch	cheese	er	shirt	i	dish	m	music	oy	toy	th	brother	v	van
aiy	hire	d	dice	eu	home	ii	happy	n	nurse	p	pig	tt	thousand	w	week
ar	star	e	leg	f	frog	iy	here	ng	ring	r	road	u	cup	y	yoghurt
au	cow	ee	three	g	glass	j	jam	o	sock	s	snow	uh	arrive	z	zip
auw	power	ei	plane	h	head	k	kit	oo	shoot	sh	shop	uu	pull	zz	revision

Clear Alphabet Dictionary

Translate from Clear Alphabet to Normal Spelling

Kan br	______________	Cha r tii	______________
Kan sl	______________	Chat	______________
kan s Lei shn	______________	Cha Tup	______________
Kan s	______________	Cha tii	______________
Kan d dt	______________	Sheu f	______________
k Noo	______________	Cheep	______________
ka ptn Kuuk	______________	Chek	______________
Kar	______________	Che kin desk	______________
Kar park	______________	Che kaut	______________
kar Sheu room	______________	Cheek	______________
Kar dif	______________	Chiy fl	______________
kar d gn Bei	______________	Chiyz	______________
Keir	______________	Cheez	______________
Kar pit	______________	Shef	______________
Ka rt	______________	Ke mist	______________
Ka rii	______________	Chek	______________
Keis	______________	Che kbuuk	______________
Kash	______________	Chest	______________
Ka shpoynt	______________	Chik	______________
k See neu	______________	Chi kn	______________
Kat	______________	Chaild	______________
Kach	______________	chail Tpo v tii	______________
kei_ Blam cht	______________	Chail tkeir	______________
Ka t pi l	______________	Chail thuud	______________
k Ttee drl	______________	Chil drn	______________
Korz	______________	Chil drn zbuuk	______________
See ling	______________	Chin	______________
Se l breit	______________	Chipz	______________
Sen s ship	______________	Cho klt	______________
Sen t	______________	Kwaiy	______________
Siy riyl	______________	Chooz	______________
Ser tn	______________	Kor rs	______________
Cham pyn ship	______________	Cherch	______________
Cheinj	______________	Sai d	______________
Cha nl	______________	Si n m	______________
Cha pt	______________	Si t zn	______________
Ka r kt	______________	Si tii	______________

*Spelling and sounds are **different** in English. You have to learn **both parts** of each word!*

a	bat	b	bag	eir	pear	hh	loch	l	lake	or	ball	t	taxi	uuw	pure
ai	time	ch	cheese	er	shirt	i	dish	m	music	oy	toy	th	brother	v	van
aiy	hire	d	dice	eu	home	ii	happy	n	nurse	p	pig	tt	thousand	w	week
ar	star	e	leg	f	frog	iy	here	ng	ring	r	road	u	cup	y	yoghurt
au	cow	ee	three	g	glass	j	jam	o	sock	s	snow	uh	arrive	z	zip
auw	power	ei	plane	h	head	k	kit	oo	shoot	sh	shop	uu	pull	zz	revision

Clear Alphabet Dictionary

Translate from Clear Alphabet to Normal Spelling

Kleim	____________
Kla r fai	____________
Klars	____________
Kla sik	____________
Kla s kl	____________
kla s fai Ta tvert	____________
Klorz	____________
Kleen	____________
Kliy	____________
Kle v	____________
Klik	____________
Klif	____________
Klai m_ cheinj	____________
Klaim	____________
Klai ming	____________
Kli nik	____________
Kleuz	____________
Kleuthz	____________
Kleu thzshop	____________
Klaud	____________
klum b Park	____________
Kluch	____________
Keust	____________
Keut	____________
Ko fin	____________
Koyn	____________
Keuld	____________
Ko lij	____________
Keu lon	____________
Ku l	____________
Keum	____________
Kum	____________
Ku Min	____________
Ku Mon	____________
Ku Maut	____________
Ku Mau tv	____________
Ko m dii	____________
Kum ft bl	____________
Ko m	____________
Ko ment	____________
Ko mn tei t	____________
Ko mn	____________
k Myoo t	____________
Kum p nii	____________
km Peir	____________
kom p Ti shn	____________
km Plein	____________
km Pleint	____________
km Pleet	____________
km Pyoo t	____________
km Pyoo t geim	____________
kn Dem	____________
kn Du kt	____________
kn Ferm	____________
kn Gra ch leit	____________
kn Jung kchn	____________
k Nekt	____________
k Ne kshn	____________
kn Seul	____________
Kon s nnt	____________
kn Sti ch wn sii	____________
kn Sul tnt	____________
Kon takt	____________
kn Tein	____________
Kon ten_ werd	____________
Kon tentz	____________
kon tr Se pshn	____________
kn Tra kshn	____________
kn Trarst	____________
kn Ver jns	____________
Kon vikt	____________
kn Vins	____________
Kuuk	____________
Kuu k	____________

*Spelling and sounds are **different** in English. You have to learn **both parts** of each word!*

a	bat	b	bag	eir	pear	hh	loch	l	lake	or	ball	t	taxi	uuw	pure
ai	time	ch	cheese	er	shirt	i	dish	m	music	oy	toy	th	brother	v	van
aiy	hire	d	dice	eu	home	ii	happy	n	nurse	p	pig	tt	thousand	w	week
ar	star	e	leg	f	frog	iy	here	ng	ring	r	road	u	cup	y	yoghurt
au	cow	ee	three	g	glass	j	jam	o	sock	s	snow	uh	arrive	z	zip
auw	power	ei	plane	h	head	k	kit	oo	shoot	sh	shop	uu	pull	zz	revision

Clear Alphabet Dictionary

Translate from Clear Alphabet to Normal Spelling

Kuu kii	____________________
Kuu king	____________________
Ko pii	____________________
k Rekt	____________________
Ko r dor	____________________
k Ru pshn	____________________
Kof	____________________
Kuud	____________________
Kaun sl	____________________
Kaunt	____________________
Kun trii	____________________
Kun tri said	____________________
Kors	____________________
Kor sbuuk	____________________
Kort	____________________
Ku zn	____________________
Ku v	____________________
Ku v ring le t	____________________
Kau	____________________
Krash	____________________
Kre di_ kard	____________________
Kri kit	____________________
Kraim	____________________
Kri m nl	____________________
kri m nl Re kord	____________________
Krispz	____________________
Kri t saiz	____________________
Kro k dail	____________________
Krop	____________________
Kros	____________________
Krooz	____________________
Kruch	____________________
Krai	____________________
Kyoo	____________________
Kup	____________________
Ku bd	____________________
Ku rn sii	____________________
Ku rii	____________________
Kers	____________________
Ku st dii ba tl	____________________
Ku st m	____________________
Ku stmz	____________________
Kut	____________________
Sai b speis	____________________
Sai kl	____________________
Sai kling	____________________
Sai kleun	____________________
Dad	____________________
Da mij	____________________
Darns	____________________
Dark	____________________
Dash	____________________
Da shbord	____________________
dei t Tran sfer	____________________
Dei ting	____________________
Dor t	____________________
Dei	____________________
Diyl With	____________________
Dett	____________________
d Beit	____________________
De bi_ kard	____________________
Det	____________________
d Sem b	____________________
d Said	____________________
d Si zzn	____________________
Deep	____________________
d Fen dnt	____________________
de l k Te sn	____________________
d Li shs	____________________
d Marnd	____________________
d Mo kr sii	____________________
Den tist	____________________
d Par_ mn_ stor	____________________
d Par ch	____________________

*Spelling and sounds are **different** in English. You have to learn **both parts** of each word!*

a	bat	b	bag	eir	pear	hh	loch	l	lake	or	ball	t	taxi	uuw	pure
ai	time	ch	cheese	er	shirt	i	dish	m	music	oy	toy	th	brother	v	van
aiy	hire	d	dice	eu	home	ii	happy	n	nurse	p	pig	tt	thousand	w	week
ar	star	e	leg	f	frog	iy	here	ng	ring	r	road	u	cup	y	yoghurt
au	cow	ee	three	g	glass	j	jam	o	sock	s	snow	uh	arrive	z	zip
auw	power	ei	plane	h	head	k	kit	oo	shoot	sh	shop	uu	pull	zz	revision

Clear Alphabet Dictionary

Translate from Clear Alphabet to Normal Spelling

d Par ch launj	____________	d Vors	____________
d Po zit	____________	Dee jei	____________
Dar bii	____________	Doo	____________
Dar bi sh	____________	Do kt	____________
d Skraib	____________	Duz	____________
De zt	____________	Dog	____________
de st Nei shn	____________	Dol fin	____________
d Ta chthaus	____________	deu Neit	____________
d Te ktiv	____________	Dun	____________
d Ten shn	____________	Deunt	____________
d Ter mi n	____________	Dor	____________
d Ve lp	____________	Du bl	____________
daiy Gneu sis	____________	du bl Beis	____________
di Ktei t	____________	Daun	____________
Di kshn rii	____________	daun Leud	____________
Did	____________	Drar m	____________
di j rii Doo	____________	Dror	____________
Dai	____________	Dreem	____________
Di f	____________	Dres	____________
Di frnt	____________	Dringk	____________
Di f klt	____________	Drip	____________
di j tl Rei di yeu	____________	Draiv	____________
Dai ning cheir	____________	Drai v	____________
Dai ning room	____________	Drai ving lai sns	____________
Dai ning tei bl	____________	Dri zl	____________
Di n	____________	Draut	____________
Di pttong	____________	Dru ktra f king	____________
dai Rekt	____________	Drum	____________
dai Re kt	____________	Drai	____________
Der tii	____________	Drai spel	____________
di s Gree	____________	Juuw ring	____________
Di s plin	____________	joo tii Ma n j	____________
d Sku v	____________	joo tii Free	____________
d skri m Nei shn	____________	dee vee Dee	____________
d Skus	____________	dee vee Dee pleiy	____________
di s Loo zzn mnt	____________	Eech	____________
di Seun	____________	Iy	____________

*Spelling and sounds are **different** in English. You have to learn **both parts** of each word!*

a	bat	b	bag	eir	pear	hh	loch	l	lake	or	ball	t	taxi	uuw	pure
ai	time	ch	cheese	er	shirt	i	dish	m	music	oy	toy	th	brother	v	van
aiy	hire	d	dice	eu	home	ii	happy	n	nurse	p	pig	tt	thousand	w	week
ar	star	e	leg	f	frog	iy	here	ng	ring	r	road	u	cup	y	yoghurt
au	cow	ee	three	g	glass	j	jam	o	sock	s	snow	uh	arrive	z	zip
auw	power	ei	plane	h	head	k	kit	oo	shoot	sh	shop	uu	pull	zz	revision

Clear Alphabet Dictionary

Translate from Clear Alphabet to Normal Spelling

Er lii	__________	uhn Gei jmnt	__________
Ern	__________	En jin	__________
Iy ring	__________	Ing glnd	__________
Ertt	__________	Ing glish	__________
Eez	__________	ing gli Shcha nl	__________
Eest	__________	uhn Joy	__________
Ee zii	__________	i Nuf	__________
Eet	__________	on swee_ Bar ttroom	__________
Ee Taut	__________	En t	__________
Ee buuk	__________	uhn Ttoo zi yazm	__________
i Ko n mii	__________	uhn Vaiy r mnt	__________
i Ko n mii klars	__________	E sk lei t	__________
E din br	__________	uh Stei tei jnt	__________
E d t	__________	yoo tt Nei ziy	__________
e j Kei shn	__________	i Veid	__________
Eg	__________	Ee vn	__________
Eit	__________	E v	__________
ei Teen	__________	E vrii	__________
Ei tii	__________	E vrii wun	__________
Ai th	__________	Eks-	__________
El beu	__________	e kza m Nei shn	__________
uh Le kshn	__________	e Kzarm pl	__________
uh le ktri_ gi Tar	__________	e Ksept	__________
i le Ktri shn	__________	e Ksai ting	__________
i le ktro ni Ktag	__________	E ks saiz	__________
E l fnt	__________	E kzit	__________
i Le vn	__________	e Kspen d ch	__________
i Li zzn	__________	e Kspen siv	__________
Ee meil	__________	e Ksplein	__________
uhm Ba rst	__________	Ai	__________
i Mer jn sii	__________	Ai kon takt	__________
i mer jn sii Ye_ ksit	__________	Feis	__________
uhm Ploy mnt	__________	Fei sbuuk	__________
Em ptii	__________	f Si l teez	__________
Ee myoo	__________	Fakt	__________
uhn Ku rij	__________	Fa ktrii wer k	__________
End	__________	Feil	__________

*Spelling and sounds are **different** in English. You have to learn **both parts** of each word!*

a	bat	b	bag	eir	pear	hh	loch	l	lake	or	ball	t	taxi	uuw	pure
ai	time	ch	cheese	er	shirt	i	dish	m	music	oy	toy	th	brother	v	van
aiy	hire	d	dice	eu	home	ii	happy	n	nurse	p	pig	tt	thousand	w	week
ar	star	e	leg	f	frog	iy	here	ng	ring	r	road	u	cup	y	yoghurt
au	cow	ee	three	g	glass	j	jam	o	sock	s	snow	uh	arrive	z	zip
auw	power	ei	plane	h	head	k	kit	oo	shoot	sh	shop	uu	pull	zz	revision

Clear Alphabet Dictionary

Translate from Clear Alphabet to Normal Spelling

Feitt ____________________
Forl ____________________
Fa m lii ____________________
Fan t sii ____________________
Far ____________________
Feir ____________________
Farm ____________________
Far m ____________________
Fa shizm ____________________
Farst ____________________
Fat ____________________
Far th ____________________
Far th rin lor ____________________
Fei vr_z ____________________
Fei vrt ____________________
Fee ch ____________________
Fe br w rii ____________________
Fiyl ____________________
Feet ____________________
Fe rii ____________________
f Ti l tii tree_ mnt ____________________
Fee v ____________________
Fyoo ____________________
fi Yon sei ____________________
fi Yon sei ____________________
Fi kshn ____________________
Fiyld ____________________
fi Fteen ____________________
Fi ftii ____________________
Fait ____________________
Fi g ____________________
Fail sheir ring ____________________
Fil ____________________
Film ____________________
Fai nl ____________________
Faind ____________________
Fain Daut ____________________

Fain ____________________
Fing g ____________________
Fing g prin_z ____________________
Fi nish ____________________
Faiy ____________________
Faiy pleis ____________________
Ferst ____________________
fer skn Di shnl ____________________
fir Skis ____________________
Fish ____________________
fi shn Chipz ____________________
Fi shing ____________________
Fit ____________________
Fi_ n sweet ____________________
Faiv ____________________
Fiks ____________________
Flat ____________________
Flait ____________________
Flai t ten dnt ____________________
Flu ding ____________________
Flor ____________________
Flop ____________________
Flo rist ____________________
Flauw ____________________
Flauw ____________________
Flai ____________________
Fog ____________________
Fo glamps ____________________
Feuld ____________________
Feuk ____________________
Fo leu ____________________
Food ____________________
foo Thai jeen ____________________
Fuut ____________________
Fuu_ borl ____________________
Fuu_ borl stei diym ____________________
Fuu tii ____________________

*Spelling and sounds are **different** in English. You have to learn **both parts** of each word!*

a	bat	b	bag	eir	pear	hh	loch	l	lake	or	ball	t	taxi	uuw	pure
ai	time	ch	cheese	er	shirt	i	dish	m	music	oy	toy	th	brother	v	van
aiy	hire	d	dice	eu	home	ii	happy	n	nurse	p	pig	tt	thousand	w	week
ar	star	e	leg	f	frog	iy	here	ng	ring	r	road	u	cup	y	yoghurt
au	cow	ee	three	g	glass	j	jam	o	sock	s	snow	uh	arrive	z	zip
auw	power	ei	plane	h	head	k	kit	oo	shoot	sh	shop	uu	pull	zz	revision

Clear Alphabet Dictionary

Translate from Clear Alphabet to Normal Spelling

For	____________	Fuul	____________
f Nau	____________	fuul Stop	____________
f Shuuw	____________	Fung kshn werd	____________
Fors	____________	Fyoo nrl	____________
Fo rist	____________	Fyoo nrl uh kspen sz	____________
fo ri Sfaiy	____________	Fu nii	____________
f Get	____________	fyoo ch Per fkt	____________
Form	____________	fyoo ch Sim pl	____________
For tii	____________	g Li p lii	____________
For rm	____________	Gam bling	____________
For wd	____________	Geim	____________
For w tslash	____________	Ga rij	____________
Fo st peir rnt	____________	Gar dn	____________
Faund	____________	Gar d n	____________
For	____________	Geit	____________
for Teen	____________	Geiv	____________
Fra kshn	____________	jee bee Yeich	____________
Free	____________	Giy stik	____________
free Pra ktis	____________	Jen r laiz	____________
free Taim	____________	Zzon r	____________
Free dm	____________	jii Yo gr fii	____________
Free sheet	____________	Get	____________
Free z	____________	ge Tang grii	____________
Frai dei	____________	ge_ Bernd	____________
Frij	____________	ge_ d Vorst	____________
Frend	____________	ge_ Drest	____________
Fren ship	____________	Ge Tin	____________
Frog	____________	Ge Tof	____________
From	____________	Ge Ton	____________
Frunt	____________	Ge Ton with	____________
frun_ Ku v	____________	Ge Taut	____________
Fraun	____________	ge_ pr Meu td	____________
freu zn Food	____________	ge_ Stung	____________
Froot	____________	Ge Tup	____________
Froo_ joos	____________	ge_ Wers	____________
Fyuuwl	____________	j Rarf	____________
Fyuuwl bil	____________	Gerl	____________

*Spelling and sounds are **different** in English. You have to learn **both parts** of each word!*

a	bat	b	bag	eir	pear	hh	loch	l	lake	or	ball	t	taxi	uuw	pure
ai	time	ch	cheese	er	shirt	i	dish	m	music	oy	toy	th	brother	v	van
aiy	hire	d	dice	eu	home	ii	happy	n	nurse	p	pig	tt	thousand	w	week
ar	star	e	leg	f	frog	iy	here	ng	ring	r	road	u	cup	y	yoghurt
au	cow	ee	three	g	glass	j	jam	o	sock	s	snow	uh	arrive	z	zip
auw	power	ei	plane	h	head	k	kit	oo	shoot	sh	shop	uu	pull	zz	revision

Clear Alphabet Dictionary

Translate from Clear Alphabet to Normal Spelling

Gerl frend	______________
Giv	______________
Gi v Wei	______________
Gi Vbak	______________
Glar sz	______________
glo tl Stop	______________
Gluv	______________
Geu	______________
God	______________
Geu Win t	______________
Geu Won	______________
Geu Waut	______________
Geu Ttroo	______________
Geu Wup	______________
Geul	______________
Geuz	______________
Geu wing	______________
Geu wing t	______________
Geuld	______________
Geul drush	______________
Geul tfish	______________
Golf	______________
Guud	______________
Goo gl	______________
g Ri l	______________
Go sip	______________
Got	______________
Gu vn	______________
Gu v mnt	______________
Gra joo weit	______________
gra j Wei shn	______________
Gra m	______________
Gran chaild	______________
Gran dad	______________
Gran dor t	______________
Gran mar	______________
Gran sun	______________
Grars	______________
Greit	______________
grei_ Bri tn	______________
Gree dii	______________
Green	______________
Green greu s	______________
Gre nich	______________
Greet	______________
Grei	______________
Greu s riz	______________
Groom	______________
Graund	______________
Groop	______________
Greu	______________
Greu wing peinz	______________
Grum pii	______________
Ges	______________
Gilt	______________
g Tar	______________
Gun	______________
Ha k	______________
Had	______________
hei driyn Zworl	______________
Heil steunz	______________
Heir	______________
Heir dre s	______________
Harf	______________
Horl	______________
Hand	______________
Han bag	______________
Han breik	______________
Han kufz	______________
Han sm	______________
Hang	______________
Hang Aut	______________
Ha pn	______________
Ha pii	______________

*Spelling and sounds are **different** in English. You have to learn **both parts** of each word!*

a	bat	b	bag	eir	pear	hh	loch	l	lake	or	ball	t	taxi	uuw	pure
ai	time	ch	cheese	er	shirt	i	dish	m	music	oy	toy	th	brother	v	van
aiy	hire	d	dice	eu	home	ii	happy	n	nurse	p	pig	tt	thousand	w	week
ar	star	e	leg	f	frog	iy	here	ng	ring	r	road	u	cup	y	yoghurt
au	cow	ee	three	g	glass	j	jam	o	sock	s	snow	uh	arrive	z	zip
auw	power	ei	plane	h	head	k	kit	oo	shoot	sh	shop	uu	pull	zz	revision

Clear Alphabet Dictionary

Translate from Clear Alphabet to Normal Spelling

Hard	________________	Hai king	________________
Har dbak	________________	Hil	________________
Haz	________________	Him	________________
Hat	________________	Hi phop	________________
Heit	________________	hi p Po t ms	________________
Ha th seij	________________	Hiz	________________
Hav	________________	Hi st rii	________________
ha Fpiyst	________________	Hit	________________
Haf t	________________	Ho bii	________________
Ha zd	________________	Ho kii	________________
ei chdee tee Vee	________________	Heuld	________________
Hee	________________	Ho l dei	________________
Hed	________________	Ho l dei rep	________________
He Tfor	________________	Ho l dei r zort	________________
he Tee ch	________________	Heum	________________
He deik	________________	heu Moo vii	________________
He dlai_z	________________	Heum peij	________________
He dlain	________________	Heum werk	________________
Hiyl	________________	Ho m feun	________________
Helth	________________	Heup	________________
Hel ttii	________________	Ho r	________________
Hiy	________________	Hors	________________
Herd	________________	Ho sp tl	________________
Hart	________________	ho sp Ta l tii	________________
Har t tak	________________	Hot	________________
Heet	________________	heu Tel	________________
Hee tweiv	________________	Auw	________________
He vii	________________	Haus	________________
Help	________________	Hau skii p	________________
Her	________________	Hau	________________
Hiy	________________	ha w Yoo?	________________
Hiy reu	________________	hyoo mn Bo dii	________________
Hei	________________	hyoo Mi lii yeit	________________
Hai	________________	Hun drd	________________
Hai	________________	Hung grii	________________
hai Heelz	________________	Hu r kein	________________
hai wei Keud	________________	Hu rii	________________

*Spelling and sounds are **different** in English. You have to learn **both parts** of each word!*

a	bat	b	bag	eir	pear	hh	loch	l	lake	or	ball	t	taxi	uuw	pure
ai	time	ch	cheese	er	shirt	i	dish	m	music	oy	toy	th	brother	v	van
aiy	hire	d	dice	eu	home	ii	happy	n	nurse	p	pig	tt	thousand	w	week
ar	star	e	leg	f	frog	iy	here	ng	ring	r	road	u	cup	y	yoghurt
au	cow	ee	three	g	glass	j	jam	o	sock	s	snow	uh	arrive	z	zip
auw	power	ei	plane	h	head	k	kit	oo	shoot	sh	shop	uu	pull	zz	revision

Clear Alphabet Dictionary

Translate from Clear Alphabet to Normal Spelling

Hert ____
Hu zbnd ____
Hai fn ____
Ai ____
Ais ____
Ai so kii ____
ai Diy ____
ai Diy li zm ____
ai dii Yo l jii ____
If ____
Il ns ____
i l Strei shn ____
i Ma jn ____
i m Grei shn ____
im Por tnt ____
im Po s bl ____
im Proov ____
im Proo vmnt ____
In ____
in Fakt ____
in Jen rl ____
In boks ____
Inch ____
in Klood ____
In km ____
in d Pen dns ____
In deks ____
In d keit ____
In d kei t ____
in Fe kshn ____
in Fi n ti verb ____
in Form ____
in Gra t chood ____
in He r tns ____
in Jekt ____
in Je kshn ____
In j rii ____

In sekt ____
In str mnt ____
in Sult ____
In trest ____
In tr sting ____
In t net ____
in t Rupt ____
In t vyoo w ____
In t ____
in t Nei shn ____
in tr Joos ____
in tr Du kshn ____
in Troo zzn ____
in Ver zzn ____
in Ve stin ____
in Ve smnt ____
in Vait ____
Aiyn ____
Iz ____
Ai lnd ____
ai ye Spee ____
It ____
I_s ____
Ja kit ____
Jan y rii ____
Jaz ____
Je ls ____
Jeenz ____
Joo l ____
Jing gl ____
Job ____
jo ps Kyuuw r tii ____
jo psen t Plus ____
Jo psee k ____
Jo ging ____
jo n Greu_z ____
Joyn ____

*Spelling and sounds are **different** in English. You have to learn **both parts** of each word!*

a	bat	b	bag	eir	pear	hh	loch	l	lake	or	ball	t	taxi	uuw	pure
ai	time	ch	cheese	er	shirt	i	dish	m	music	oy	toy	th	brother	v	van
aiy	hire	d	dice	eu	home	ii	happy	n	nurse	p	pig	tt	thousand	w	week
ar	star	e	leg	f	frog	iy	here	ng	ring	r	road	u	cup	y	yoghurt
au	cow	ee	three	g	glass	j	jam	o	sock	s	snow	uh	arrive	z	zip
auw	power	ei	plane	h	head	k	kit	oo	shoot	sh	shop	uu	pull	zz	revision

Clear Alphabet Dictionary

Translate from Clear Alphabet to Normal Spelling

Jeuk	________________	Lang gwij	________________
Jer n list	________________	Larj	________________
Jer nii	________________	Larst	________________
Juj	________________	Leit	________________
j Lai	________________	Larf	________________
Jump	________________	Lei	________________
Jum p	________________	Lei zii	________________
Joon	________________	Leed	________________
Juuw rii	________________	Lee_ Too	________________
Just	________________	Lern	________________
Ju st fai	________________	ler n Drai v	________________
kang g Roo	________________	Ler ning	________________
Keep	________________	Leev	________________
kee Skilz	________________	Le kch r	________________
Kee bord	________________	Left	________________
Ki dnii	________________	Leg	________________
Kil	________________	le j Slei shn	________________
Kaind	________________	Le zz sen t	________________
Kain dv	________________	le m Neid	________________
King	________________	Lend	________________
Kis	________________	Les	________________
Ki chn	________________	Le sn	________________
Nee	________________	Let	________________
Nyoo	________________	Le t	________________
Ni kz	________________	Le vl	________________
Nit	________________	Lai brii	________________
Neu	________________	Lai sn spleit	________________
k War l beir	________________	Lai	________________
kai lii m Neug	________________	Lai Daun	________________
Lei b	________________	Laif	________________
Lei b par tii	________________	Lai f vent	________________
Leik	________________	Lai fsen tns	________________
Lei kdi strikt	________________	Lift	________________
Lam	________________	Lait	________________
Land	________________	Laik	________________
lan Zend	________________	Lain	________________
Lan ding	________________	Lingk	________________

Spelling and sounds are ***different*** *in English. You have to learn* ***both parts*** *of each word!*

a	bat	b	bag	eir	pear	hh	loch	l	lake	or	ball	t	taxi	uuw	pure
ai	time	ch	cheese	er	shirt	i	dish	m	music	oy	toy	th	brother	v	van
aiy	hire	d	dice	eu	home	ii	happy	n	nurse	p	pig	tt	thousand	w	week
ar	star	e	leg	f	frog	iy	here	ng	ring	r	road	u	cup	y	yoghurt
au	cow	ee	three	g	glass	j	jam	o	sock	s	snow	uh	arrive	z	zip
auw	power	ei	plane	h	head	k	kit	oo	shoot	sh	shop	uu	pull	zz	revision

Clear Alphabet Dictionary

Translate from Clear Alphabet to Normal Spelling

Ling king	______	mein Verb	______
Laiyn	______	m Jo r tii	______
Lip	______	Meik	______
List	______	mei Ksens	______
Li sn Too	______	mei Kshuuw	______
Li sn	______	Mei Kup	______
Li sning	______	Ma ml	______
Li tr_ ch	______	Man	______
Li tl	______	Ma n j	______
Liv	______	Man che st	______
Li v	______	Me nii	______
Li ving room	______	Map	______
Li zd	______	March	______
hhlan Du tneu	______	Mark	______
Leun	______	Mar kit	______
leu kl Shop	______	Mar ki_ pleis	______
lo Knes	______	Ma rij	______
Lun dn	______	Mach	______
Leun li ns	______	Meit	______
Long	______	m Ter n tii	______
long horl Flait	______	Ma t	______
Luuk	______	Mei	______
Luu Kat	______	Mei	______
Looz	______	Meir	______
Lot	______	Mee	______
Laud	______	Miyl	______
Luv	______	Meen	______
Leu	______	Me zz	______
leu w Keis	______	Meet	______
El pleit	______	m Ka nik	______
Lu gij	______	Mee diy	______
Lunch	______	Me d kl schoo dnt	______
Lung	______	Mee diym	______
m Sheen	______	Meet	______
Meid	______	Me g kn tra kshn	______
Meid	______	Mel ting pot	______
Mein	______	Men	______

*Spelling and sounds are **different** in English. You have to learn **both parts** of each word!*

a	bat	b	bag	eir	pear	hh	loch	l	lake	or	ball	t	taxi	uuw	pure
ai	time	ch	cheese	er	shirt	i	dish	m	music	oy	toy	th	brother	v	van
aiy	hire	d	dice	eu	home	ii	happy	n	nurse	p	pig	tt	thousand	w	week
ar	star	e	leg	f	frog	iy	here	ng	ring	r	road	u	cup	y	yoghurt
au	cow	ee	three	g	glass	j	jam	o	sock	s	snow	uh	arrive	z	zip
auw	power	ei	plane	h	head	k	kit	oo	shoot	sh	shop	uu	pull	zz	revision

Clear Alphabet Dictionary

Translate from Clear Alphabet to Normal Spelling

Me n porz ____________________
Mi dwaif ____________________
Mait ____________________
Mail ____________________
Milk ____________________
Mil yn ____________________
mil y Neir ____________________
Maind ____________________
Min rl wor t ____________________
Min rlz ____________________
Mai ning ____________________
Mi nit ____________________
Mis ____________________
Mist ____________________
Mi strs ____________________
Meu bail ____________________
Mok ____________________
Meu dl form ____________________
Meu dl verbz ____________________
Mo dl ____________________
Mo n kii ____________________
Mun dei ____________________
Mu nii ____________________
Mung kii ____________________
Moo dii ____________________
Moon ____________________
m Rarl ____________________
Mor ____________________
Mor ning ____________________
Mor gij ____________________
Mor ch rii ____________________
Mosk ____________________
Meust ____________________
Mu th ____________________
Mu th rin lor ____________________
Meu t rei sing ____________________
Meu t baik ____________________

Meu t wei ____________________
Maun tn ____________________
Maus ____________________
Mautt ____________________
Moov ____________________
Moo Vup ____________________
em Pee ____________________
Much ____________________
Mum ____________________
Mer d ____________________
Mu sl ____________________
Mu shroom ____________________
Myoo zik ____________________
Myoo z kl ____________________
myoo Zi shn ____________________
Must ____________________
Mai ____________________
mai Self ____________________
Neil ____________________
Neim ____________________
Na reu ____________________
Nar stii ____________________
na shnl Park ____________________
na chrl d Zar st ____________________
Nei ch ____________________
Niy ____________________
Nek ____________________
Ne kls ____________________
Need ____________________
Nee dl ____________________
Ne g tiv ____________________
ne g ti Ve kw tii ____________________
n Glekt ____________________
Nai th... Nor ____________________
Ne fyoo ____________________
Nervz ____________________
Ne_ wer king ____________________

*Spelling and sounds are **different** in English. You have to learn **both parts** of each word!*

a	bat	b	bag	eir	pear	hh	loch	l	lake	or	ball	t	taxi	uuw	pure
ai	time	ch	cheese	er	shirt	i	dish	m	music	oy	toy	th	brother	v	van
aiy	hire	d	dice	eu	home	ii	happy	n	nurse	p	pig	tt	thousand	w	week
ar	star	e	leg	f	frog	iy	here	ng	ring	r	road	u	cup	y	yoghurt
au	cow	ee	three	g	glass	j	jam	o	sock	s	snow	uh	arrive	z	zip
auw	power	ei	plane	h	head	k	kit	oo	shoot	sh	shop	uu	pull	zz	revision

Clear Alphabet Dictionary

Translate from Clear Alphabet to Normal Spelling

Ne v	________	Ner sri ners	________
Nyoo	________	Nut	________
Nyoo spei p	________	eu Bee s tii	________
Nekst	________	O pjekt	________
Ne kst	________	o Pje ktiv	________
e nei Ches	________	Eu beu	________
Nais	________	Eu shn	________
Nees	________	o Kteu b	________
Nait	________	O kt puus	________
Nai_ klub	________	Ov	________
Nai_ dres	________	uh Fkors	________
Nain	________	Of	________
nain Teen	________	O f	________
Nain tii	________	O fis	________
Neu	________	O fn	________
Neu b dii	________	Eu	________
Nun	________	eu Neu!	________
non Fi kshn	________	eu Kei	________
nor f Kbrordz	________	Euld	________
Nor ml	________	eul Deij	________
Nortt	________	uh Lim pikz	________
nor th Naiy lnd	________	On	________
No rich	________	Wuns	________
Neuz	________	wun s Gen	________
Not	________	Wun	________
no t Torl	________	Un yn	________
Neut	________	Eun lii	________
Nu tting	________	Uups	________
Neu tis	________	Eu pn	________
Nort	________	Eu p ning taimz	________
Naun	________	o p Rei shn	________
No vl	________	o p Zi shn	________
neu Vem b	________	o Pti shn	________
Nau	________	Or	________
Num b	________	O rinj	________
Nyoo m rl	________	Or k str	________
Ners	________	Or d	________

*Spelling and sounds are **different** in English. You have to learn **both parts** of each word!*

a	bat	b	bag	eir	pear	hh	loch	l	lake	or	ball	t	taxi	uuw	pure
ai	time	ch	cheese	er	shirt	i	dish	m	music	oy	toy	th	brother	v	van
aiy	hire	d	dice	eu	home	ii	happy	n	nurse	p	pig	tt	thousand	w	week
ar	star	e	leg	f	frog	iy	here	ng	ring	r	road	u	cup	y	yoghurt
au	cow	ee	three	g	glass	j	jam	o	sock	s	snow	uh	arrive	z	zip
auw	power	ei	plane	h	head	k	kit	oo	shoot	sh	shop	uu	pull	zz	revision

Clear Alphabet Dictionary

Translate from Clear Alphabet to Normal Spelling

Or gn	____________________	Par sport	____________________
Or g naiz	____________________	Par spor_ kn treul	____________________
Or knii	____________________	Par swerd	____________________
U th	____________________	par skn Tin y ws	____________________
Or_ t	____________________	par Sper fikt	____________________
Auw	____________________	par Sim pl	____________________
Aut	____________________	Pa st	____________________
Au_ bak	____________________	Pei shnt	____________________
Au_ pei shnt	____________________	Pa tn	____________________
Eu v	____________________	Porz	____________________
Eu v drarft	____________________	Pei vmnt	____________________
Eu	____________________	Pei	____________________
Eun	____________________	Pei f	____________________
O ksfd	____________________	Pei mnt	____________________
p si fi Keu shn	____________________	Pees	____________________
Pa s fizm	____________________	Pe dl	____________________
Pak	____________________	Piy pre sh	____________________
Peij	____________________	Pen draiv	____________________
Pei jnum b	____________________	Pens	____________________
Pein	____________________	Pee pl	____________________
Pein fl	____________________	p For m	____________________
Pan d	____________________	p Hapz	____________________
Pa nik	____________________	per s Viy rns	____________________
Pantz	____________________	Per sn	____________________
pa p Rar tsii	____________________	p Sweid	____________________
Pei p	____________________	Pe trl pump	____________________
Pei p bak	____________________	Far m sist	____________________
Pa r grarf	____________________	Far m see	____________________
Par dn	____________________	Feun	____________________
Peir rnt	____________________	Feu neem	____________________
Park	____________________	f Ne tikz	____________________
Par king ti kit	____________________	Fo nikz	____________________
Par l mnt	____________________	Freiz	____________________
Part	____________________	pi Ya neu	____________________
Par_ n	____________________	Pik	____________________
Pars	____________________	Pi Kup	____________________
Pa sn j	____________________	Pi knik	____________________

*Spelling and sounds are **different** in English. You have to learn **both parts** of each word!*

a	bat	b	bag	eir	pear	hh	loch	l	lake	or	ball	t	taxi	uuw	pure
ai	time	ch	cheese	er	shirt	i	dish	m	music	oy	toy	th	brother	v	van
aiy	hire	d	dice	eu	home	ii	happy	n	nurse	p	pig	tt	thousand	w	week
ar	star	e	leg	f	frog	iy	here	ng	ring	r	road	u	cup	y	yoghurt
au	cow	ee	three	g	glass	j	jam	o	sock	s	snow	uh	arrive	z	zip
auw	power	ei	plane	h	head	k	kit	oo	shoot	sh	shop	uu	pull	zz	revision

Clear Alphabet Dictionary

Translate from Clear Alphabet to Normal Spelling

Pi kch ____________________
Pai ____________________
Pees ____________________
Pig ____________________
Pai lt ____________________
Pingk ____________________
Paint ____________________
Pee_ ts ____________________
Pleis ____________________
Plein ____________________
Plan ____________________
Plein ____________________
Plarnt ____________________
Plar st ____________________
Plei ____________________
Plei y ____________________
Plei graund ____________________
Plei list ____________________
Pleez ____________________
Plot ____________________
Plu m ____________________
Pluuw rl form ____________________
Po tkarst ____________________
Peu w trii ____________________
Poynt ____________________
p Lee so f s ____________________
p Lee stei shn ____________________
Po l sii ____________________
po l Ti shn ____________________
Po l tikz ____________________
Pom ____________________
Por ____________________
Pop ____________________
Po pstar ____________________
Po pkorn ____________________
Port ____________________
Por t ____________________

Peuz ____________________
Po z tiv ____________________
Po s bl ____________________
Peust ____________________
Peu sto fis ____________________
p Tei teu ____________________
Paund ____________________
Po v tii ____________________
Pauw ____________________
Pra ktis ____________________
Preiz ____________________
pr Dikt ____________________
pr Di kshn ____________________
pr Fer ____________________
Pre gnn sii ____________________
pre p Rei shn ____________________
pr Peir ____________________
pre p Zi shn ____________________
pr Skri pshn ____________________
pre zn_ Per fkt ____________________
pre zn_ Sim pl ____________________
pre zn Tei shn ____________________
pr Zen t ____________________
Pre z dnt ____________________
Pres ____________________
Pri tii ____________________
Prais ____________________
prai Mi n st ____________________
Print ____________________
prai yo r tii Bor ding ____________________
Pri zn ____________________
Pri zn sen tns ____________________
Pro blm ____________________
pr Joos ____________________
Pro dukt ____________________
Preu fail ____________________
Preu gram ____________________

*Spelling and sounds are **different** in English. You have to learn **both parts** of each word!*

a	bat	b	bag	eir	pear	hh	loch	l	lake	or	ball	t	taxi	uuw	pure
ai	time	ch	cheese	er	shirt	i	dish	m	music	oy	toy	th	brother	v	van
aiy	hire	d	dice	eu	home	ii	happy	n	nurse	p	pig	tt	thousand	w	week
ar	star	e	leg	f	frog	iy	here	ng	ring	r	road	u	cup	y	yoghurt
au	cow	ee	three	g	glass	j	jam	o	sock	s	snow	uh	arrive	z	zip
auw	power	ei	plane	h	head	k	kit	oo	shoot	sh	shop	uu	pull	zz	revision

Clear Alphabet Dictionary

Translate from Clear Alphabet to Normal Spelling

- pr Hi bit
- pr Je ksh nist
- Pro mis
- pr Meut
- pr Meu shn
- Preu naun
- pr nun sii Yei shn
- pr Test
- Proov
- sai Kaiy trist
- Pu blik
- pu bli Ktoy lt
- Puk
- Puul
- Pu ni shmnt
- Per pl
- Pers
- Puush
- Puut
- Puu_ Daun
- Puu Ton
- p Jar mz
- kwo li fi Kei shn
- Kwor t
- Kween zlnd
- Kwe schn
- Kwe schn mark
- Kyoo
- Kwik
- Kwid
- Kwaiyt
- kweu Tei shn
- ar rn Bee
- Ra bit
- Ra kit
- Rei dii yei t
- Rei dii yeu
- Rein
- Rein beu
- Rein keut
- Rein fo rist
- Reiz
- rei Zmu nii
- Ran
- Rash
- Rei tingz
- Reech
- Reed
- Ree d
- Ree ding
- Re dii
- Riyl
- rii Ya l tii tee vee
- riy vyoo Mi r
- riy Shuuw
- r Seet
- r Seev
- r Se psh nist
- rii Charj
- Re kn
- r Klain
- re kn si lii Yei shn
- Re kord
- rii Sai kl
- Red
- r Dun dn sii
- re f Ree
- Ree fund
- r Fyooz
- r Fyoot
- r Gret
- r Jekt
- r Je kshn le t
- rii la Ksei shn

*Spelling and sounds are **different** in English. You have to learn **both parts** of each word!*

a	bat	b	bag	eir	pear	hh	loch	l	lake	or	ball	t	taxi	uuw	pure
ai	time	ch	cheese	er	shirt	i	dish	m	music	oy	toy	th	brother	v	van
aiy	hire	d	dice	eu	home	ii	happy	n	nurse	p	pig	tt	thousand	w	week
ar	star	e	leg	f	frog	iy	here	ng	ring	r	road	u	cup	y	yoghurt
au	cow	ee	three	g	glass	j	jam	o	sock	s	snow	uh	arrive	z	zip
auw	power	ei	plane	h	head	k	kit	oo	shoot	sh	shop	uu	pull	zz	revision

Clear Alphabet Dictionary

Translate from Clear Alphabet to Normal Spelling

r Mem b	______	Ru bish	______
r meu_ kn Treul	______	Ru gbii	______
r Moov	______	Rool	______
r Neig	______	Run	______
r Nyoo	______	Run wei	______
Rent	______	Sad	______
Ren tl	______	s Far rii park	______
r Plai	______	Sed	______
re pr Zen t tiv	______	Sei ling	______
r Serch	______	Sa l rii	______
re z Vei shn	______	Seil	______
Re z vwaiy	______	Seil z si stnt	______
Rest	______	Seim	______
Re stront	______	Sand	______
r Taiy mn_ heum	______	Sa taiy	______
r Tern	______	Sa t dei	______
r Vyoo	______	Sor n	______
Rais	______	So sij	______
Rich	______	Seiv	______
Raid	______	Sei Vup	______
Rait	______	Sei vingz	______
Ring	______	Sor	______
Risk	______	Sa ks feun	______
Rai vl	______	Sei	______
Ri v	______	Skeilz	______
Ar ling king	______	Skarf	______
Reud	______	Skeir rii	______
Reu dreij	______	Skool	______
Reu tsain	______	Shwar saund	______
Rok	______	Saiyns	______
Reul	______	saiyn Sfi kshn	______
Reu mans	______	Skor	______
Room	______	Sko_ lnd	______
Room ser vis	______	Skreen plei	______
Ruf	______	See	______
Raund	______	Serch	______
Raun d baut	______	Ser chen jn	______

*Spelling and sounds are **different** in English. You have to learn **both parts** of each word!*

a	bat	b	bag	eir	pear	hh	loch	l	lake	or	ball	t	taxi	uuw	pure
ai	time	ch	cheese	er	shirt	i	dish	m	music	oy	toy	th	brother	v	van
aiy	hire	d	dice	eu	home	ii	happy	n	nurse	p	pig	tt	thousand	w	week
ar	star	e	leg	f	frog	iy	here	ng	ring	r	road	u	cup	y	yoghurt
au	cow	ee	three	g	glass	j	jam	o	sock	s	snow	uh	arrive	z	zip
auw	power	ei	plane	h	head	k	kit	oo	shoot	sh	shop	uu	pull	zz	revision

Clear Alphabet Dictionary

Translate from Clear Alphabet to Normal Spelling

See zn ____________________
See z nl werk ____________________
Seet ____________________
See_ belt ____________________
Se knd ____________________
s Kyuuw r tii ____________________
s Kyuuw r tii gard ____________________
See ____________________
See y ____________________
Seem ____________________
Self ____________________
sel f Steem ____________________
Sel ____________________
se mii Keu lon ____________________
Send ____________________
Sen tns ____________________
Sen tn stres ____________________
se p Rei shn ____________________
se Ptem b ____________________
See kwl ____________________
Siy riys ____________________
Serv ____________________
Ser vi stei shn ____________________
Set ____________________
Se vn ____________________
se vn Teen ____________________
Se vn tii ____________________
Se vrl ____________________
Sheik ____________________
Shal ____________________
shein Worn ____________________
Sheip ____________________
Shark ____________________
Shee ____________________
Sheep ____________________
Shelf ____________________
sher w Tfo rist ____________________
Shain ____________________
Ship ____________________
Shert ____________________
Shoo ____________________
Shop ____________________
Sho plift ____________________
Sho pli fting ____________________
Sho ping ____________________
Sho ping sen t ____________________
Short ____________________
Shor_z ____________________
Shuud ____________________
Sheul d ____________________
Shaut ____________________
Sheu ____________________
Shau w ____________________
Shut ____________________
si bling Rai vl rii ____________________
Sik ____________________
Said ____________________
Sai dmi r ____________________
Sai dbord ____________________
Sai tkik ____________________
Sain ____________________
sai ln_ Le t ____________________
Sim pl ____________________
Sins ____________________
Sing ____________________
Sing uh ____________________
sing gl Peir rnt ____________________
Sing gy l form ____________________
Singk ____________________
Si st ____________________
Si st rin lor ____________________
Sit ____________________
Si_ Daun ____________________
Siks ____________________

*Spelling and sounds are **different** in English. You have to learn **both parts** of each word!*

a	bat	b	bag	eir	pear	hh	loch	l	lake	or	ball	t	taxi	uuw	pure
ai	time	ch	cheese	er	shirt	i	dish	m	music	oy	toy	th	brother	v	van
aiy	hire	d	dice	eu	home	ii	happy	n	nurse	p	pig	tt	thousand	w	week
ar	star	e	leg	f	frog	iy	here	ng	ring	r	road	u	cup	y	yoghurt
au	cow	ee	three	g	glass	j	jam	o	sock	s	snow	uh	arrive	z	zip
auw	power	ei	plane	h	head	k	kit	oo	shoot	sh	shop	uu	pull	zz	revision

Clear Alphabet Dictionary

Translate from Clear Alphabet to Normal Spelling

si Ksteen	______________	Sum	______________
Si kstii	______________	Sum tting	______________
Saiz	______________	Sun	______________
ske Gnes	______________	Song	______________
Ske l tn	______________	Soon	______________
Skee ying	______________	Sort	______________
Skin	______________	Sor tv	______________
Skert	______________	Saund	______________
Skai	______________	Saun spain	______________
Slej	______________	Saun trak	______________
Sleep	______________	Soop	______________
Slee ping bag	______________	Soo shef	______________
Sleet	______________	Sautt	______________
Slim	______________	Spar	______________
Slip	______________	Spam	______________
Sli p	______________	Speek	______________
Sleu	______________	Spee Kaut	______________
Smorl	______________	Spee king	______________
Smel	______________	Spe shl	______________
Smail	______________	spe sh l Feks	______________
Smeuk	______________	Spee chmark	______________
Smooth	______________	Spel	______________
Sneil	______________	Spe ling	______________
Snoo k	______________	Spend	______________
Sneu	______________	Spai d	______________
sneu Deu niy	______________	Spin	______________
Sneu man	______________	Spain	______________
Seu	______________	Sport	______________
seu Far	______________	Spor_ skar	______________
seu t Speek	______________	Spring	______________
Seu po pr	______________	Skwosh	______________
seu shl Ne_ werk	______________	Stei diym	______________
Sok	______________	Sta gnait	______________
Seu f	______________	Steirz	______________
Soft	______________	Stand	______________
Seul j	______________	Stan Daut	______________
s Li s t	______________	Stan Dup	______________

*Spelling and sounds are **different** in English. You have to learn **both parts** of each word!*

a	bat	b	bag	eir	pear	hh	loch	l	lake	or	ball	t	taxi	uuw	pure
ai	time	ch	cheese	er	shirt	i	dish	m	music	oy	toy	th	brother	v	van
aiy	hire	d	dice	eu	home	ii	happy	n	nurse	p	pig	tt	thousand	w	week
ar	star	e	leg	f	frog	iy	here	ng	ring	r	road	u	cup	y	yoghurt
au	cow	ee	three	g	glass	j	jam	o	sock	s	snow	uh	arrive	z	zip
auw	power	ei	plane	h	head	k	kit	oo	shoot	sh	shop	uu	pull	zz	revision

Clear Alphabet Dictionary

Translate from Clear Alphabet to Normal Spelling

Clear Alphabet	Normal Spelling
Star	
Star fish	
Start	
Steit	
stei_ Pen shn	
Stei shn	
Stei	
Stiyl	
Stiy ring wiyl	
Step	
Ste rii yeu	
Ste tt skeup	
e stii Yai	
Sti Ktoo	
Stil	
Sti chz	
Sto kmar kit	
Stu mk	
Stu m keik	
steun Henj	
Stuud	
Stop	
Storm	
Stor rii	
Streinj	
Stra t jii	
Stror b rii	
Streem	
stree ming Vi dii yeu	
Street	
Stres	
Stre smark	
Stre spa tn	
stre Si l bl	
Stre ch	
Straik	
String	
Strong	
Strong form	
strong Stres	
Schoo dnt	
schoo dn_ Leun	
Stu dii	
Schoo pid	
Su pjekt	
Su ptai tlz	
su Kseed	
su Kses	
Such	
Su fiks	
s Jest	
Soo w said	
Soot	
Su m	
Sun	
Sun bei thing	
Sun blok	
Sun dei	
sun dei Drai v	
Sun glar sz	
Sun set	
Sun tan	
Soo p	
Soo p mar kit	
s Port	
s Por t	
Shuuw	
Ser fs	
Ser jn	
Ser j rii	
s raun Tsaund	
Su spekt	
Swim	
Swi ming	

*Spelling and sounds are **different** in English. You have to learn **both parts** of each word!*

a	bat	b	bag	eir	pear	hh	loch	l	lake	or	ball	t	taxi	uuw	pure
ai	time	ch	cheese	er	shirt	i	dish	m	music	oy	toy	th	brother	v	van
aiy	hire	d	dice	eu	home	ii	happy	n	nurse	p	pig	tt	thousand	w	week
ar	star	e	leg	f	frog	iy	here	ng	ring	r	road	u	cup	y	yoghurt
au	cow	ee	three	g	glass	j	jam	o	sock	s	snow	uh	arrive	z	zip
auw	power	ei	plane	h	head	k	kit	oo	shoot	sh	shop	uu	pull	zz	revision

Clear Alphabet Dictionary

Translate from Clear Alphabet to Normal Spelling

Swi ming pool	____________	Te r rizm	____________
Swai pkard	____________	Test	____________
Swi Chof	____________	Tekst	____________
Swi Chon	____________	Than	____________
Si dnii	____________	Ttangk	____________
Si l bl	____________	That	____________
s Rinj	____________	Th / Thii	____________
Tar	____________	Ttiy t	____________
Tei bl	____________	Tteft	____________
Tei bl te nis	____________	Their	____________
Ta bltz	____________	Them	____________
Ta bloid	____________	Then	____________
Teil	____________	Their	____________
Teik	____________	tt Mo m t	____________
Tei k Wei	____________	Theez	____________
Tei Kof	____________	Thei	____________
Tei Kaut	____________	Tteef	____________
Tork	____________	Tting	____________
Teist	____________	Ttingk	____________
Taks	____________	tter tkn Di shnl	____________
Ta kso fis	____________	tter Teen	____________
Ta ksii	____________	Tter tii	____________
Teech	____________	This	____________
Tee ch	____________	Theuz	____________
Teem	____________	Theu	____________
Teir	____________	Ttort	____________
Tee nei j	____________	Ttau znd	____________
te l Vi zzn	____________	Ttre tn	____________
Tel	____________	Ttree	____________
Tem pr ch	____________	Ttri l	____________
Ten	____________	Ttreut	____________
Te nis	____________	Ttroo	____________
Te ni skort	____________	Ttreu	____________
Tens	____________	Tter zdei	____________
Tent	____________	Ti kit	____________
Ter m nl	____________	Tai	____________
ter m n Lil ns	____________	Tai g	____________

*Spelling and sounds are **different** in English. You have to learn **both parts** of each word!*

a	bat	b	bag	eir	pear	hh	loch	l	lake	or	ball	t	taxi	uuw	pure
ai	time	ch	cheese	er	shirt	i	dish	m	music	oy	toy	th	brother	v	van
aiy	hire	d	dice	eu	home	ii	happy	n	nurse	p	pig	tt	thousand	w	week
ar	star	e	leg	f	frog	iy	here	ng	ring	r	road	u	cup	y	yoghurt
au	cow	ee	three	g	glass	j	jam	o	sock	s	snow	uh	arrive	z	zip
auw	power	ei	plane	h	head	k	kit	oo	shoot	sh	shop	uu	pull	zz	revision

Clear Alphabet Dictionary

Translate from Clear Alphabet to Normal Spelling

Taitz	____________________
Til	____________________
Taim	____________________
Taiyd	____________________
Tai tl	____________________
Too	____________________
t Dei	____________________
Teu	____________________
t Ge th	____________________
Toy lt	____________________
Teuld	____________________
t Mar teu	____________________
Tung	____________________
Too	____________________
Tuuk	____________________
Toott	____________________
Too ttbrush	____________________
Too ttpeist	____________________
Top	____________________
Tor ts	____________________
Tuch	____________________
Tu chskreen	____________________
Tor rist	____________________
t Word	____________________
Taun	____________________
taun Horl	____________________
Tra ksoot	____________________
Tra kt	____________________
Tra fi klai_z	____________________
Trein	____________________
Trein drai v	____________________
Trei n	____________________
Trei ning Kors	____________________
Tran sfer	____________________
tran Zleit	____________________
tran Zlei shn	____________________
Tran sport	____________________
tran sp Tei shn	____________________
Tra v lei jnt	____________________
Tre bl	____________________
Tree	____________________
Trail	____________________
Tro lii	____________________
Trau zs	____________________
Troo wn sii	____________________
Troo	____________________
Trum pt	____________________
Trust	____________________
Trai	____________________
Trai Yon	____________________
Tee shirt	____________________
tsoo Nar mii	____________________
Choo zdei	____________________
Ter by lns	____________________
Tern	____________________
Ter Nof	____________________
Ter Non	____________________
tee Vee lai sns	____________________
Twelv	____________________
Twen tii	____________________
Twist	____________________
Twi t	____________________
Too	____________________
Taip	____________________
Taiy	____________________
U glii	____________________
Uh eu	____________________
yoo Kei	____________________
oo Loo roo	____________________
um Bre l	____________________
Ung kl	____________________
Un d	____________________
un d Stand	____________________
Un d weir	____________________

*Spelling and sounds are **different** in English. You have to learn **both parts** of each word!*

a	bat	b	bag	eir	pear	hh	loch	l	lake	or	ball	t	taxi	uuw	pure
ai	time	ch	cheese	er	shirt	i	dish	m	music	oy	toy	th	brother	v	van
aiy	hire	d	dice	eu	home	ii	happy	n	nurse	p	pig	tt	thousand	w	week
ar	star	e	leg	f	frog	iy	here	ng	ring	r	road	u	cup	y	yoghurt
au	cow	ee	three	g	glass	j	jam	o	sock	s	snow	uh	arrive	z	zip
auw	power	ei	plane	h	head	k	kit	oo	shoot	sh	shop	uu	pull	zz	revision

Clear Alphabet Dictionary

Translate from Clear Alphabet to Normal Spelling

Yoo n form
Yoo nit
yoo nai t Tking dm
yoo nai t Tnei shnz
yoo n Ver s tii
un Kaind
un Les
un Til
Up
u Pdeit
U pgreid
uh Pon
u p Keis
yoo war Rel
Us
Yooz
Yoo z neim
Yoo zzwl
Vei kn sii
Va lii
Van
Ve cht bl
ve j Teir riyn
Vein
Verb
Vers
Ve rii
Vest
Vi ktim
Vi dii yeu kam r
Vyoo w
Vi lij
Vaiy lns
vaiy Lin
Vaiy rs
Vee z
Vi zit
Vi z ting auwz
veu Ka by l rii
Voys
Vo lii borl
Vo ln trii werk
Veut
Veu t
Vauwl
Vauwl klu st
Vauwl saund
Weit
Wei t
Wei ting list
Wei ting room
Wei Kup
Wei ku pkorl
Weilz
Work
Wor k baut
Worl
Wo lt
Wont
Wor
Word
Wor dreub
Worm
Worn
Woz
Wosh
Weist
Woch
wo ching tee Vee
Wor t
Weiv
Wei
wei Yin
wei Yaut

*Spelling and sounds are **different** in English. You have to learn **both parts** of each word!*

a	bat	b	bag	eir	pear	hh	loch	l	lake	or	ball	t	taxi	uuw	pure
ai	time	ch	cheese	er	shirt	i	dish	m	music	oy	toy	th	brother	v	van
aiy	hire	d	dice	eu	home	ii	happy	n	nurse	p	pig	tt	thousand	w	week
ar	star	e	leg	f	frog	iy	here	ng	ring	r	road	u	cup	y	yoghurt
au	cow	ee	three	g	glass	j	jam	o	sock	s	snow	uh	arrive	z	zip
auw	power	ei	plane	h	head	k	kit	oo	shoot	sh	shop	uu	pull	zz	revision

Clear Alphabet Dictionary

Translate from Clear Alphabet to Normal Spelling

Wee ____________________
Week ____________________
Wee kform ____________________
Weir ____________________
We th ____________________
We th for karst ____________________
We_ peij ____________________
We_ pser v ____________________
We_ pkam ____________________
We_ psait ____________________
We ding ____________________
Wen zdei ____________________
Week ____________________
wee Kend ____________________
Wei ____________________
Weit ____________________
Wel km ____________________
Wel ____________________
Went ____________________
Wer ____________________
West ____________________
Wet ____________________
Weil ____________________
Wot ____________________
wo Te v ____________________
Wiyl ____________________
Wiyl cheir ____________________
Wen ____________________
we Ne v ____________________
Weir ____________________
weir Re v ____________________
We th ____________________
Wich ____________________
wi Che v ____________________
Wail ____________________
Wait ____________________
Hoo ____________________
Heul ____________________
Hooz ____________________
Wai ____________________
Waid ____________________
Wai tskreen ____________________
Wi deu ____________________
Waif ____________________
Wai fai ____________________
Wai fai d vais ____________________
Wil ____________________
Wim bl dn ____________________
Win ____________________
Wind ____________________
Win tfarm ____________________
Win tskreen ____________________
Wain ____________________
Wi n ____________________
Win t ____________________
win t Taiyz ____________________
Wish ____________________
wi Shwel ____________________
With ____________________
wi Thdrorl ____________________
wi Thaut ____________________
Wi_ ns ____________________
Wuu mn ____________________
Wun d ____________________
Wuud ____________________
Werd ____________________
Wer tstres ____________________
Werk ____________________
wer k Kspiy riyns ____________________
Wer Kon ____________________
Werld ____________________
werl dwai Dweb ____________________
Werm ____________________
Wu rid ____________________

*Spelling and sounds are **different** in English. You have to learn **both parts** of each word!*

a	bat	b	bag	eir	pear	hh	loch	l	lake	or	ball	t	taxi	uuw	pure
ai	time	ch	cheese	er	shirt	i	dish	m	music	oy	toy	th	brother	v	van
aiy	hire	d	dice	eu	home	ii	happy	n	nurse	p	pig	tt	thousand	w	week
ar	star	e	leg	f	frog	iy	here	ng	ring	r	road	u	cup	y	yoghurt
au	cow	ee	three	g	glass	j	jam	o	sock	s	snow	uh	arrive	z	zip
auw	power	ei	plane	h	head	k	kit	oo	shoot	sh	shop	uu	pull	zz	revision

Clear Alphabet Dictionary

Translate from Clear Alphabet to Normal Spelling

Wu rii ____________________
Wers ____________________
Wuud ____________________
Wau ____________________
Rist ____________________
Rait ____________________
Rai_ Daun ____________________
Rai ting ____________________
Rong ____________________
E ksrei ____________________
Yiy ____________________
Ye leu ____________________
Yes ____________________
Yet ____________________
York ____________________
Yoo ____________________
Yung ____________________
Yor ____________________
Yorz ____________________
Yoo choob ____________________
Ze br ____________________
ze br Kro sing ____________________
Ziy reu ____________________
ziy reu kn Di shnl ____________________
Zip ____________________

Spelling and sounds are ***different*** *in English. You have to learn* ***both parts*** *of each word!*

a	bat	b	bag	eir	pear	hh	loch	l	lake	or	ball	t	taxi	uuw	pure
ai	time	ch	cheese	er	shirt	i	dish	m	music	oy	toy	th	brother	v	van
aiy	hire	d	dice	eu	home	ii	happy	n	nurse	p	pig	tt	thousand	w	week
ar	star	e	leg	f	frog	iy	here	ng	ring	r	road	u	cup	y	yoghurt
au	cow	ee	three	g	glass	j	jam	o	sock	s	snow	uh	arrive	z	zip
auw	power	ei	plane	h	head	k	kit	oo	shoot	sh	shop	uu	pull	zz	revision

Clear Alphabet Dictionary

Translate from Normal Spelling to Clear Alphabet

a	____________
A & E	____________
a bit	____________
a few	____________
a little	____________
Aberdeen	____________
able	____________
about	____________
above	____________
absolutely	____________
accelerator	____________
accept	____________
accident	____________
account	____________
accountant	____________
ache	____________
achievement	____________
acne	____________
act	____________
action	____________
actor	____________
actress	____________
add	____________
addiction	____________
adjective	____________
admin assistant	____________
adolescence	____________
adopted family	____________
adverb	____________
adverbial clause	____________
advert	____________
advertising	____________
advise	____________
aeroplane	____________
affair	____________
afford	____________
after	____________
after all	____________
again	____________
against	____________
age	____________
ago	____________
agree	____________
agree with	____________
air	____________
airline	____________
airport	____________
aisle	____________
alcoholism	____________
all	____________
allergy	____________
allow	____________
alphabet	____________
also	____________
although	____________
Alton Towers	____________
always	____________
am	____________
ambition	____________
ambulance	____________
among	____________
amusement park	____________
an	____________
anaesthetic	____________
anarchist	____________
and	____________
angry	____________
animal	____________
animation	____________
ankle	____________
anniversary	____________
another	____________
answer	____________
ant	____________
any	____________
anyone	____________
apartment	____________
apartment block	____________

*Spelling and sounds are **different** in English. You have to learn **both parts** of each word!*

a	bat	b	bag	eir	pear	hh	loch	l	lake	or	ball	t	taxi	uuw	pure
ai	time	ch	cheese	er	shirt	i	dish	m	music	oy	toy	th	brother	v	van
aiy	hire	d	dice	eu	home	ii	happy	n	nurse	p	pig	tt	thousand	w	week
ar	star	e	leg	f	frog	iy	here	ng	ring	r	road	u	cup	y	yoghurt
au	cow	ee	three	g	glass	j	jam	o	sock	s	snow	uh	arrive	z	zip
auw	power	ei	plane	h	head	k	kit	oo	shoot	sh	shop	uu	pull	zz	revision

Clear Alphabet Dictionary

Translate from Normal Spelling to Clear Alphabet

apologise ____________________
apostrophe ____________________
appeal ____________________
appear ____________________
appearance ____________________
apple ____________________
application form ____________________
apply ____________________
apply for ____________________
appointment ____________________
April ____________________
are ____________________
area ____________________
arm ____________________
around ____________________
arrange ____________________
arrest ____________________
arrival ____________________
arrivals ____________________
arrive ____________________
arson ____________________
article ____________________
artist ____________________
as ____________________
as long as ____________________
as soon as ____________________
as… as ____________________
ask ____________________
ask out ____________________
ask permission ____________________
assert ____________________
assimilation ____________________
assure ____________________
at ____________________
ate ____________________
athletics ____________________
attachment ____________________
attack ____________________
audience ____________________

August ____________________
aunt ____________________
Australia ____________________
author ____________________
autobiography ____________________
automatic ____________________
autumn ____________________
auxiliary verb ____________________
award ____________________
away ____________________
baby ____________________
back ____________________
back cover ____________________
bad ____________________
badminton ____________________
bag ____________________
baker ____________________
bakery ____________________
balance ____________________
ball ____________________
ballet ____________________
ban ____________________
banana ____________________
bank ____________________
bank account ____________________
barbie ____________________
Barossa Valley ____________________
base ____________________
baseball ____________________
basketball ____________________
bat ____________________
bath ____________________
bathroom ____________________
battery ____________________
be ____________________
be able to ____________________
be born ____________________
be cancelled ____________________
be fed ____________________

*Spelling and sounds are **different** in English. You have to learn **both parts** of each word!*

a	bat	b	bag	eir	pear	hh	loch	l	lake	or	ball	t	taxi	uuw	pure
ai	time	ch	cheese	er	shirt	i	dish	m	music	oy	toy	th	brother	v	van
aiy	hire	d	dice	eu	home	ii	happy	n	nurse	p	pig	tt	thousand	w	week
ar	star	e	leg	f	frog	iy	here	ng	ring	r	road	u	cup	y	yoghurt
au	cow	ee	three	g	glass	j	jam	o	sock	s	snow	uh	arrive	z	zip
auw	power	ei	plane	h	head	k	kit	oo	shoot	sh	shop	uu	pull	zz	revision

Clear Alphabet Dictionary

Translate from Normal Spelling to Clear Alphabet

be married	____________________
be mugged	____________________
be stopped	____________________
be written by	____________________
beach	____________________
bear	____________________
beat	____________________
beautiful	____________________
beauty	____________________
because	____________________
bed	____________________
bedroom	____________________
bee	____________________
beef	____________________
been	____________________
beer	____________________
before	____________________
beg	____________________
began	____________________
begin	____________________
behind	____________________
Belfast	____________________
believe	____________________
below	____________________
belt	____________________
bench	____________________
bend over	____________________
beneath	____________________
benefits	____________________
benefits trap	____________________
berate	____________________
beside	____________________
best	____________________
best friend	____________________
best man	____________________
better	____________________
between	____________________
bias	____________________
big	____________________
bike	____________________
bill	____________________
billion	____________________
biography	____________________
bird	____________________
birth	____________________
birthday	____________________
black	____________________
blackmail	____________________
blessing	____________________
blockbuster	____________________
bloke	____________________
blood	____________________
blood test	____________________
blouse	____________________
blue	____________________
blues	____________________
boarding pass	____________________
boat	____________________
body	____________________
body language	____________________
bone	____________________
book	____________________
bookshop	____________________
boomerang	____________________
boot	____________________
boredom	____________________
boring	____________________
borrow	____________________
both	____________________
bouncer	____________________
Bournemouth	____________________
bowling club	____________________
box	____________________
box office	____________________
box set	____________________
boxing	____________________
boy	____________________
boyfriend	____________________

Spelling and sounds are ***different*** *in English. You have to learn* ***both parts*** *of each word!*

a	bat	b	bag	eir	pear	hh	loch	l	lake	or	ball	t	taxi	uuw	pure
ai	time	ch	cheese	er	shirt	i	dish	m	music	oy	toy	th	brother	v	van
aiy	hire	d	dice	eu	home	ii	happy	n	nurse	p	pig	tt	thousand	w	week
ar	star	e	leg	f	frog	iy	here	ng	ring	r	road	u	cup	y	yoghurt
au	cow	ee	three	g	glass	j	jam	o	sock	s	snow	uh	arrive	z	zip
auw	power	ei	plane	h	head	k	kit	oo	shoot	sh	shop	uu	pull	zz	revision

Clear Alphabet Dictionary

Translate from Normal Spelling to Clear Alphabet

bra ______
brackets ______
brain ______
brake ______
brake light ______
bread ______
break ______
break down ______
break in ______
Brick Lane ______
bride ______
bridesmaid ______
bridge ______
brief ______
brilliant ______
bring ______
bring back ______
bring down ______
Brisbane ______
Bristol ______
British ______
broken arm ______
broken bone ______
broken home ______
brother ______
brother-in-law ______
brought ______
brown ______
browse ______
browser ______
bruise ______
brush ______
budget airline ______
build ______
builder ______
building ______
building site ______
bullying ______
bump into ______

bungalow ______
burglar alarm ______
bus ______
bus stop ______
bush ______
business class ______
business trip ______
busy ______
but ______
butcher ______
butter ______
butterfly ______
buttons ______
buy ______
by ______
by the way ______
café ______
call ______
calm ______
Cambridge ______
came ______
camping ______
can ______
Canberra ______
cancel ______
cancellation ______
cancer ______
candidate ______
canoe ______
Captain Cook ______
car ______
car park ______
car showroom ______
Cardiff ______
Cardigan Bay ______
care ______
carpet ______
carrot ______
carry ______

*Spelling and sounds are **different** in English. You have to learn **both parts** of each word!*

a	bat	b	bag	eir	pear	hh	loch	l	lake	or	ball	t	taxi	uuw	pure
ai	time	ch	cheese	er	shirt	i	dish	m	music	oy	toy	th	brother	v	van
aiy	hire	d	dice	eu	home	ii	happy	n	nurse	p	pig	tt	thousand	w	week
ar	star	e	leg	f	frog	iy	here	ng	ring	r	road	u	cup	y	yoghurt
au	cow	ee	three	g	glass	j	jam	o	sock	s	snow	uh	arrive	z	zip
auw	power	ei	plane	h	head	k	kit	oo	shoot	sh	shop	uu	pull	zz	revision

Clear Alphabet Dictionary

Translate from Normal Spelling to Clear Alphabet

case ____________________
cash ____________________
cashpoint ____________________
casino ____________________
cat ____________________
catch ____________________
Cate Blanchett ____________________
caterpillar ____________________
cathedral ____________________
cause ____________________
ceiling ____________________
celebrate ____________________
censorship ____________________
centre ____________________
cereal ____________________
certain ____________________
championship ____________________
change ____________________
channel ____________________
chapter ____________________
character ____________________
charity ____________________
chat ____________________
chat up ____________________
chatty ____________________
chauffeur ____________________
cheap ____________________
check ____________________
check-in desk ____________________
checkout ____________________
cheek ____________________
cheerful ____________________
cheers ____________________
cheese ____________________
chef ____________________
chemist ____________________
cheque ____________________
chequebook ____________________
chest ____________________

chick ____________________
chicken ____________________
child ____________________
child poverty ____________________
childcare ____________________
childhood ____________________
children ____________________
children's book ____________________
chin ____________________
chips ____________________
chocolate ____________________
choir ____________________
choose ____________________
chorus ____________________
church ____________________
cider ____________________
cinema ____________________
citizen ____________________
city ____________________
claim ____________________
clarify ____________________
class ____________________
classic ____________________
classical ____________________
classified advert ____________________
clause ____________________
clean ____________________
clear ____________________
clever ____________________
click ____________________
cliff ____________________
climate change ____________________
climb ____________________
climbing ____________________
clinic ____________________
close ____________________
clothes ____________________
clothes shop ____________________
cloud ____________________

*Spelling and sounds are **different** in English. You have to learn **both parts** of each word!*

a	bat	b	bag	eir	pear	hh	loch	l	lake	or	ball	t	taxi	uuw	pure
ai	time	ch	cheese	er	shirt	i	dish	m	music	oy	toy	th	brother	v	van
aiy	hire	d	dice	eu	home	ii	happy	n	nurse	p	pig	tt	thousand	w	week
ar	star	e	leg	f	frog	iy	here	ng	ring	r	road	u	cup	y	yoghurt
au	cow	ee	three	g	glass	j	jam	o	sock	s	snow	uh	arrive	z	zip
auw	power	ei	plane	h	head	k	kit	oo	shoot	sh	shop	uu	pull	zz	revision

Clear Alphabet Dictionary

Translate from Normal Spelling to Clear Alphabet

Clumber Park ____________________
clutch ____________________
coast ____________________
coat ____________________
coffin ____________________
coin ____________________
cold ____________________
college ____________________
colon ____________________
colour ____________________
comb ____________________
come ____________________
come in ____________________
come on ____________________
come out ____________________
come out of ____________________
comedy ____________________
comfortable ____________________
comma ____________________
comment ____________________
commentator ____________________
common ____________________
commuter ____________________
company ____________________
compare ____________________
competition ____________________
complain ____________________
complaint ____________________
complete ____________________
computer ____________________
computer game ____________________
condemn ____________________
conductor ____________________
confirm ____________________
congratulate ____________________
conjunction ____________________
connect ____________________
connection ____________________
console ____________________

consonant ____________________
constituency ____________________
consultant ____________________
contact ____________________
contain ____________________
content word ____________________
contents ____________________
contraception ____________________
contraction ____________________
contrast ____________________
convergence ____________________
convict ____________________
convince ____________________
cook ____________________
cooker ____________________
cookie ____________________
cooking ____________________
copy ____________________
correct ____________________
corridor ____________________
corruption ____________________
cough ____________________
could ____________________
council ____________________
count ____________________
country ____________________
countryside ____________________
course ____________________
course book ____________________
court ____________________
cousin ____________________
cover ____________________
covering letter ____________________
cow ____________________
crash ____________________
credit card ____________________
cricket ____________________
crime ____________________
criminal ____________________

*Spelling and sounds are **different** in English. You have to learn **both parts** of each word!*

a	bat	b	bag	eir	pear	hh	loch	l	lake	or	ball	t	taxi	uuw	pure
ai	time	ch	cheese	er	shirt	i	dish	m	music	oy	toy	th	brother	v	van
aiy	hire	d	dice	eu	home	ii	happy	n	nurse	p	pig	tt	thousand	w	week
ar	star	e	leg	f	frog	iy	here	ng	ring	r	road	u	cup	y	yoghurt
au	cow	ee	three	g	glass	j	jam	o	sock	s	snow	uh	arrive	z	zip
auw	power	ei	plane	h	head	k	kit	oo	shoot	sh	shop	uu	pull	zz	revision

Clear Alphabet Dictionary

Translate from Normal Spelling to Clear Alphabet

criminal record ____________
crisps ____________
criticise ____________
crocodile ____________
crop ____________
cross ____________
cruise ____________
crutch ____________
cry ____________
cue ____________
cup ____________
cupboard ____________
currency ____________
curry ____________
curse ____________
custody battle ____________
customer ____________
customs ____________
cut ____________
cyberspace ____________
cycle ____________
cycling ____________
cyclone ____________
dad ____________
damage ____________
dance ____________
dark ____________
dash ____________
dashboard ____________
data transfer ____________
dating ____________
daughter ____________
day ____________
deal with ____________
death ____________
debate ____________
debit card ____________
debt ____________
December ____________
decide ____________
decision ____________
deep ____________
defendant ____________
delicatessen ____________
delicious ____________
demand ____________
democracy ____________
dentist ____________
department store ____________
departure ____________
departure lounge ____________
deposit ____________
Derby ____________
Derbyshire ____________
describe ____________
desert ____________
destination ____________
detached house ____________
detective ____________
detention ____________
determiner ____________
develop ____________
diagnosis ____________
dictator ____________
dictionary ____________
did ____________
didgeridoo ____________
die ____________
differ ____________
different ____________
difficult ____________
digital radio ____________
dining chair ____________
dining room ____________
dining table ____________
dinner ____________
diphthong ____________
direct ____________

*Spelling and sounds are **different** in English. You have to learn **both parts** of each word!*

a	bat	b	bag	eir	pear	hh	loch	l	lake	or	ball	t	taxi	uuw	pure
ai	time	ch	cheese	er	shirt	i	dish	m	music	oy	toy	th	brother	v	van
aiy	hire	d	dice	eu	home	ii	happy	n	nurse	p	pig	tt	thousand	w	week
ar	star	e	leg	f	frog	iy	here	ng	ring	r	road	u	cup	y	yoghurt
au	cow	ee	three	g	glass	j	jam	o	sock	s	snow	uh	arrive	z	zip
auw	power	ei	plane	h	head	k	kit	oo	shoot	sh	shop	uu	pull	zz	revision

Clear Alphabet Dictionary

Translate from Normal Spelling to Clear Alphabet

director ______________________
dirty ______________________
disagree ______________________
discipline ______________________
discover ______________________
discrimination ______________________
discuss ______________________
disillusionment ______________________
disown ______________________
divorce ______________________
DJ ______________________
do ______________________
doctor ______________________
does ______________________
dog ______________________
dolphin ______________________
donate ______________________
done ______________________
don't ______________________
door ______________________
double ______________________
double bass ______________________
down ______________________
download ______________________
drama ______________________
draw ______________________
dream ______________________
dress ______________________
drink ______________________
drip ______________________
drive ______________________
driver ______________________
driving licence ______________________
drizzle ______________________
drought ______________________
drug trafficking ______________________
drum ______________________
dry ______________________
dry spell ______________________

during ______________________
duty manager ______________________
duty-free ______________________
DVD ______________________
DVD player ______________________
each ______________________
ear ______________________
early ______________________
earn ______________________
earring ______________________
earth ______________________
ease ______________________
east ______________________
easy ______________________
eat ______________________
eat out ______________________
ebook ______________________
economy ______________________
economy class ______________________
Edinburgh ______________________
editor ______________________
education ______________________
egg ______________________
eight ______________________
eighteen ______________________
eighty ______________________
either ______________________
elbow ______________________
election ______________________
electric guitar ______________________
electrician ______________________
electronic tag ______________________
elephant ______________________
eleven ______________________
elision ______________________
email ______________________
embarrassed ______________________
emergency ______________________
emergency exit ______________________

*Spelling and sounds are **different** in English. You have to learn **both parts** of each word!*

a	bat	b	bag	eir	pear	hh	loch	l	lake	or	ball	t	taxi	uuw	pure
ai	time	ch	cheese	er	shirt	i	dish	m	music	oy	toy	th	brother	v	van
aiy	hire	d	dice	eu	home	ii	happy	n	nurse	p	pig	tt	thousand	w	week
ar	star	e	leg	f	frog	iy	here	ng	ring	r	road	u	cup	y	yoghurt
au	cow	ee	three	g	glass	j	jam	o	sock	s	snow	uh	arrive	z	zip
auw	power	ei	plane	h	head	k	kit	oo	shoot	sh	shop	uu	pull	zz	revision

Clear Alphabet Dictionary

Translate from Normal Spelling to Clear Alphabet

employment ____________________
empty ____________________
emu ____________________
encourage ____________________
end ____________________
engagement ____________________
engine ____________________
England ____________________
English ____________________
English Channel ____________________
enjoy ____________________
enough ____________________
en-suite bathroom ____________________
enter ____________________
enthusiasm ____________________
environment ____________________
escalator ____________________
estate agent ____________________
euthanasia ____________________
evade ____________________
even ____________________
ever ____________________
every ____________________
everyone ____________________
ex- ____________________
examination ____________________
example ____________________
except ____________________
exciting ____________________
exercise ____________________
exit ____________________
expenditure ____________________
expensive ____________________
explain ____________________
eye ____________________
eye contact ____________________
face ____________________
Facebook ____________________
facilities ____________________
fact ____________________
factory worker ____________________
fail ____________________
faith ____________________
fall ____________________
family ____________________
fantasy ____________________
far ____________________
fare ____________________
farm ____________________
farmer ____________________
fascism ____________________
fast ____________________
fat ____________________
father ____________________
father-in-law ____________________
favorites ____________________
favourite ____________________
feature ____________________
February ____________________
feel ____________________
feet ____________________
ferry ____________________
fertility treatment ____________________
fever ____________________
few ____________________
fiancé ____________________
fiancée ____________________
fiction ____________________
field ____________________
fifteen ____________________
fifty ____________________
fight ____________________
figure ____________________
file sharing ____________________
fill ____________________
film ____________________
final ____________________
find ____________________

*Spelling and sounds are **different** in English. You have to learn **both parts** of each word!*

a	bat	b	bag	eir	pear	hh	loch	l	lake	or	ball	t	taxi	uuw	pure
ai	time	ch	cheese	er	shirt	i	dish	m	music	oy	toy	th	brother	v	van
aiy	hire	d	dice	eu	home	ii	happy	n	nurse	p	pig	tt	thousand	w	week
ar	star	e	leg	f	frog	iy	here	ng	ring	r	road	u	cup	y	yoghurt
au	cow	ee	three	g	glass	j	jam	o	sock	s	snow	uh	arrive	z	zip
auw	power	ei	plane	h	head	k	kit	oo	shoot	sh	shop	uu	pull	zz	revision

Clear Alphabet Dictionary

Translate from Normal Spelling to Clear Alphabet

find out ____________________
fine ____________________
finger ____________________
fingerprints ____________________
finish ____________________
fire ____________________
fireplace ____________________
first ____________________
first conditional ____________________
first kiss ____________________
fish ____________________
fish and chips ____________________
fishing ____________________
fit ____________________
fitness suite ____________________
five ____________________
fix ____________________
flat ____________________
flight ____________________
flight attendant ____________________
flooding ____________________
floor ____________________
flop ____________________
florist ____________________
flour ____________________
flower ____________________
fly ____________________
fog ____________________
fog lamps ____________________
fold ____________________
folk ____________________
follow ____________________
food ____________________
food hygiene ____________________
foot ____________________
football ____________________
football stadium ____________________
footy ____________________
for ____________________
for now ____________________
for sure ____________________
force ____________________
forest ____________________
forest fire ____________________
forget ____________________
form ____________________
forty ____________________
forum ____________________
forward ____________________
forward slash ____________________
foster parent ____________________
found ____________________
four ____________________
fourteen ____________________
fraction ____________________
free ____________________
free practice ____________________
free time ____________________
freedom ____________________
freesheet ____________________
freezer ____________________
Friday ____________________
fridge ____________________
friend ____________________
friendship ____________________
frog ____________________
from ____________________
front ____________________
front cover ____________________
frown ____________________
frozen food ____________________
fruit ____________________
fruit juice ____________________
fuel ____________________
fuel bill ____________________
full ____________________
full stop ____________________
function word ____________________

*Spelling and sounds are **different** in English. You have to learn **both parts** of each word!*

a	bat	b	bag	eir	pear	hh	loch	l	lake	or	ball	t	taxi	uuw	pure
ai	time	ch	cheese	er	shirt	i	dish	m	music	oy	toy	th	brother	v	van
aiy	hire	d	dice	eu	home	ii	happy	n	nurse	p	pig	tt	thousand	w	week
ar	star	e	leg	f	frog	iy	here	ng	ring	r	road	u	cup	y	yoghurt
au	cow	ee	three	g	glass	j	jam	o	sock	s	snow	uh	arrive	z	zip
auw	power	ei	plane	h	head	k	kit	oo	shoot	sh	shop	uu	pull	zz	revision

Clear Alphabet Dictionary

Translate from Normal Spelling to Clear Alphabet

funeral
funeral expenses
funny
future perfect
future simple
Gallipoli
gambling
game
garage
garden
gardener
gate
gave
GBH
gear stick
generalise
genre
geography
get
get angry
get burned
get divorced
get dressed
get in
get off
get on
get on with
get out
get promoted
get stung
get up
get worse
giraffe
girl
girlfriend
give
give away
give back
glasses
glottal stop
glove
go
God
go into
go on
go out
go through
go up
goal
goes
going
going to
gold
gold rush
goldfish
golf
good
Google
gorilla
gossip
got
govern
government
graduate
graduation
grammar
grandchild
granddad
granddaughter
grandma
grandson
grass
great
Great Britain
greedy
green
greengrocer
Greenwich

Spelling and sounds are ***different*** *in English. You have to learn* ***both parts*** *of each word!*

a	bat	b	bag	eir	pear	hh	loch	l	lake	or	ball	t	taxi	uuw	pure
ai	time	ch	cheese	er	shirt	i	dish	m	music	oy	toy	th	brother	v	van
aiy	hire	d	dice	eu	home	ii	happy	n	nurse	p	pig	tt	thousand	w	week
ar	star	e	leg	f	frog	iy	here	ng	ring	r	road	u	cup	y	yoghurt
au	cow	ee	three	g	glass	j	jam	o	sock	s	snow	uh	arrive	z	zip
auw	power	ei	plane	h	head	k	kit	oo	shoot	sh	shop	uu	pull	zz	revision

Clear Alphabet Dictionary

Translate from Normal Spelling to Clear Alphabet

greet ____________________
grey ____________________
groceries ____________________
groom ____________________
ground ____________________
group ____________________
grow ____________________
growing pains ____________________
grumpy ____________________
guess ____________________
guilt ____________________
guitar ____________________
gun ____________________
hacker ____________________
had ____________________
Hadrian's Wall ____________________
hailstones ____________________
hair ____________________
hairdresser ____________________
half ____________________
hall ____________________
hand ____________________
handbag ____________________
handbrake ____________________
handcuffs ____________________
handsome ____________________
hang ____________________
hang out ____________________
happen ____________________
happy ____________________
hard ____________________
hardback ____________________
has ____________________
hat ____________________
hate ____________________
Hathersage ____________________
have ____________________
have pierced ____________________
have to ____________________
hazard ____________________
HDTV ____________________
he ____________________
head ____________________
head for ____________________
head teacher ____________________
headache ____________________
headlights ____________________
headline ____________________
heal ____________________
health ____________________
healthy ____________________
hear ____________________
heard ____________________
heart ____________________
heart attack ____________________
heat ____________________
heat wave ____________________
heavy ____________________
help ____________________
her ____________________
here ____________________
hero ____________________
hey ____________________
hi ____________________
high ____________________
high heels ____________________
Highway Code ____________________
hiking ____________________
hill ____________________
him ____________________
hip-hop ____________________
hippopotamus ____________________
his ____________________
history ____________________
hit ____________________
hobby ____________________
hockey ____________________
hold ____________________

*Spelling and sounds are **different** in English. You have to learn **both parts** of each word!*

a	bat	b	bag	eir	pear	hh	loch	l	lake	or	ball	t	taxi	uuw	pure
ai	time	ch	cheese	er	shirt	i	dish	m	music	oy	toy	th	brother	v	van
aiy	hire	d	dice	eu	home	ii	happy	n	nurse	p	pig	tt	thousand	w	week
ar	star	e	leg	f	frog	iy	here	ng	ring	r	road	u	cup	y	yoghurt
au	cow	ee	three	g	glass	j	jam	o	sock	s	snow	uh	arrive	z	zip
auw	power	ei	plane	h	head	k	kit	oo	shoot	sh	shop	uu	pull	zz	revision

Clear Alphabet Dictionary

Translate from Normal Spelling to Clear Alphabet

holiday	____________________
holiday rep	____________________
holiday resort	____________________
home	____________________
home movie	____________________
home page	____________________
homework	____________________
homophone	____________________
hope	____________________
horror	____________________
horse	____________________
hospital	____________________
hospitality	____________________
hot	____________________
hotel	____________________
hour	____________________
house	____________________
housekeeper	____________________
how	____________________
how are you?	____________________
human body	____________________
humiliate	____________________
hundred	____________________
hungry	____________________
hurricane	____________________
hurry	____________________
hurt	____________________
husband	____________________
hyphen	____________________
I	____________________
ice	____________________
ice hockey	____________________
idea	____________________
idealism	____________________
ideology	____________________
if	____________________
illness	____________________
illustration	____________________
imagine	____________________
immigration	____________________
important	____________________
impossible	____________________
improve	____________________
improvement	____________________
in	____________________
in fact	____________________
in general	____________________
inbox	____________________
inch	____________________
include	____________________
income	____________________
independence	____________________
index	____________________
indicate	____________________
indicator	____________________
infection	____________________
infinitive verb	____________________
inform	____________________
ingratitude	____________________
inheritance	____________________
inject	____________________
injection	____________________
injury	____________________
insect	____________________
instrument	____________________
insult	____________________
interest	____________________
interesting	____________________
internet	____________________
interrupt	____________________
interviewer	____________________
into	____________________
intonation	____________________
introduce	____________________
introduction	____________________
intrusion	____________________
inversion	____________________
invest in	____________________

*Spelling and sounds are **different** in English. You have to learn **both parts** of each word!*

a	bat	b	bag	eir	pear	hh	loch	l	lake	or	ball	t	taxi	uuw	pure
ai	time	ch	cheese	er	shirt	i	dish	m	music	oy	toy	th	brother	v	van
aiy	hire	d	dice	eu	home	ii	happy	n	nurse	p	pig	tt	thousand	w	week
ar	star	e	leg	f	frog	iy	here	ng	ring	r	road	u	cup	y	yoghurt
au	cow	ee	three	g	glass	j	jam	o	sock	s	snow	uh	arrive	z	zip
auw	power	ei	plane	h	head	k	kit	oo	shoot	sh	shop	uu	pull	zz	revision

Clear Alphabet Dictionary

Translate from Normal Spelling to Clear Alphabet

investment	____________	kind	____________
invite	____________	kind of	____________
iron	____________	king	____________
is	____________	kiss	____________
island	____________	kitchen	____________
ISP	____________	knee	____________
it	____________	knew	____________
its	____________	knickers	____________
jacket	____________	knit	____________
January	____________	know	____________
jazz	____________	koala bear	____________
jealous	____________	Kylie Minogue	____________
jeans	____________	labour	____________
jeweller	____________	Labour Party	____________
jingle	____________	lake	____________
job	____________	Lake District	____________
job security	____________	lamb	____________
Jobcentre Plus	____________	land	____________
jobseeker	____________	Land's End	____________
jogging	____________	landing	____________
John O'Groats	____________	language	____________
join	____________	large	____________
joke	____________	last	____________
journalist	____________	late	____________
journey	____________	laugh	____________
judge	____________	lay	____________
July	____________	lazy	____________
jump	____________	lead	____________
jumper	____________	lead to	____________
June	____________	learn	____________
jury	____________	learner driver	____________
just	____________	learning	____________
justify	____________	leave	____________
kangaroo	____________	lecturer	____________
keep	____________	left	____________
key skills	____________	leg	____________
keyboard	____________	legislation	____________
kidney	____________	leisure centre	____________
kill	____________	lemonade	____________

*Spelling and sounds are **different** in English. You have to learn **both parts** of each word!*

a	bat	b	bag	eir	pear	hh	loch	l	lake	or	ball	t	taxi	uuw	pure
ai	time	ch	cheese	er	shirt	i	dish	m	music	oy	toy	th	brother	v	van
aiy	hire	d	dice	eu	home	ii	happy	n	nurse	p	pig	tt	thousand	w	week
ar	star	e	leg	f	frog	iy	here	ng	ring	r	road	u	cup	y	yoghurt
au	cow	ee	three	g	glass	j	jam	o	sock	s	snow	uh	arrive	z	zip
auw	power	ei	plane	h	head	k	kit	oo	shoot	sh	shop	uu	pull	zz	revision

Clear Alphabet Dictionary

Translate from Normal Spelling to Clear Alphabet

lend ____________________
less ____________________
lesson ____________________
let ____________________
letter ____________________
level ____________________
library ____________________
licence plate ____________________
lie ____________________
lie down ____________________
life ____________________
life event ____________________
life sentence ____________________
lift ____________________
light ____________________
like ____________________
line ____________________
link ____________________
linking ____________________
lion ____________________
lip ____________________
list ____________________
listen to ____________________
listener ____________________
listening ____________________
literature ____________________
little ____________________
live ____________________
liver ____________________
living room ____________________
lizard ____________________
Llandudno ____________________
loan ____________________
local shop ____________________
Loch Ness ____________________
London ____________________
loneliness ____________________
long ____________________
long-haul flight ____________________

look ____________________
look at ____________________
lose ____________________
lot ____________________
loud ____________________
love ____________________
low ____________________
lower case ____________________
L-plate ____________________
luggage ____________________
lunch ____________________
lung ____________________
machine ____________________
made ____________________
maid ____________________
main ____________________
main verb ____________________
majority ____________________
make ____________________
make sense ____________________
make sure ____________________
make up ____________________
mammal ____________________
man ____________________
manager ____________________
Manchester ____________________
many ____________________
map ____________________
March ____________________
mark ____________________
market ____________________
market place ____________________
marriage ____________________
match ____________________
mate ____________________
maternity ____________________
matter ____________________
may ____________________
May ____________________

*Spelling and sounds are **different** in English. You have to learn **both parts** of each word!*

a	bat	b	bag	eir	pear	hh	loch	l	lake	or	ball	t	taxi	uuw	pure
ai	time	ch	cheese	er	shirt	i	dish	m	music	oy	toy	th	brother	v	van
aiy	hire	d	dice	eu	home	ii	happy	n	nurse	p	pig	tt	thousand	w	week
ar	star	e	leg	f	frog	iy	here	ng	ring	r	road	u	cup	y	yoghurt
au	cow	ee	three	g	glass	j	jam	o	sock	s	snow	uh	arrive	z	zip
auw	power	ei	plane	h	head	k	kit	oo	shoot	sh	shop	uu	pull	zz	revision

Clear Alphabet Dictionary

Translate from Normal Spelling to Clear Alphabet

mayor	________________
me	________________
meal	________________
mean	________________
measure	________________
meat	________________
mechanic	________________
media	________________
medical student	________________
medium	________________
meet	________________
mega contraction	________________
melting pot	________________
men	________________
menopause	________________
midwife	________________
might	________________
mile	________________
milk	________________
million	________________
millionaire	________________
mind	________________
mineral water	________________
minerals	________________
mining	________________
minute	________________
miss	________________
mist	________________
mistress	________________
mobile	________________
mock	________________
modal form	________________
modal verbs	________________
model	________________
monarchy	________________
Monday	________________
money	________________
monkey	________________
moody	________________
moon	________________
morale	________________
more	________________
morning	________________
mortgage	________________
mortuary	________________
mosque	________________
most	________________
mother	________________
mother-in-law	________________
motor racing	________________
motorbike	________________
motorway	________________
mountain	________________
mouse	________________
mouth	________________
move	________________
move up	________________
MP	________________
much	________________
mum	________________
murder	________________
muscle	________________
mushroom	________________
music	________________
musical	________________
musician	________________
must	________________
my	________________
myself	________________
nail	________________
name	________________
narrow	________________
nasty	________________
national park	________________
natural disaster	________________
nature	________________
near	________________
neck	________________

*Spelling and sounds are **different** in English. You have to learn **both parts** of each word!*

a	bat	b	bag	eir	pear	hh	loch	l	lake	or	ball	t	taxi	uuw	pure
ai	time	ch	cheese	er	shirt	i	dish	m	music	oy	toy	th	brother	v	van
aiy	hire	d	dice	eu	home	ii	happy	n	nurse	p	pig	tt	thousand	w	week
ar	star	e	leg	f	frog	iy	here	ng	ring	r	road	u	cup	y	yoghurt
au	cow	ee	three	g	glass	j	jam	o	sock	s	snow	uh	arrive	z	zip
auw	power	ei	plane	h	head	k	kit	oo	shoot	sh	shop	uu	pull	zz	revision

Clear Alphabet Dictionary

Translate from Normal Spelling to Clear Alphabet

necklace ____________________
need ____________________
needle ____________________
negative ____________________
negative equity ____________________
neglect ____________________
neither... nor ____________________
nephew ____________________
nerves ____________________
networking ____________________
never ____________________
new ____________________
newspaper ____________________
next ____________________
next to ____________________
NHS ____________________
nice ____________________
niece ____________________
night ____________________
nightclub ____________________
nightdress ____________________
nine ____________________
nineteen ____________________
ninety ____________________
no ____________________
nobody ____________________
none ____________________
non-fiction ____________________
Norfolk Broads ____________________
normal ____________________
north ____________________
Northern Ireland ____________________
Norwich ____________________
nose ____________________
not ____________________
not at all ____________________
note ____________________
nothing ____________________
notice ____________________
nought ____________________
noun ____________________
novel ____________________
November ____________________
now ____________________
number ____________________
numeral ____________________
nurse ____________________
nursery nurse ____________________
nut ____________________
obesity ____________________
object ____________________
objective ____________________
oboe ____________________
ocean ____________________
October ____________________
octopus ____________________
of ____________________
of course ____________________
off ____________________
offer ____________________
office ____________________
often ____________________
oh ____________________
oh no! ____________________
OK ____________________
old ____________________
old age ____________________
Olympics ____________________
on ____________________
once ____________________
once again ____________________
one ____________________
onion ____________________
only ____________________
oops ____________________
open ____________________
opening times ____________________
operation ____________________

*Spelling and sounds are **different** in English. You have to learn **both parts** of each word!*

a	bat	b	bag	eir	pear	hh	loch	l	lake	or	ball	t	taxi	uuw	pure
ai	time	ch	cheese	er	shirt	i	dish	m	music	oy	toy	th	brother	v	van
aiy	hire	d	dice	eu	home	ii	happy	n	nurse	p	pig	tt	thousand	w	week
ar	star	e	leg	f	frog	iy	here	ng	ring	r	road	u	cup	y	yoghurt
au	cow	ee	three	g	glass	j	jam	o	sock	s	snow	uh	arrive	z	zip
auw	power	ei	plane	h	head	k	kit	oo	shoot	sh	shop	uu	pull	zz	revision

Clear Alphabet Dictionary

Translate from Normal Spelling to Clear Alphabet

opposition ________________
optician ________________
or ________________
orange ________________
orchestra ________________
order ________________
organ ________________
organise ________________
Orkney ________________
other ________________
ought to ________________
our ________________
out ________________
Outback ________________
outpatient ________________
over ________________
overdraft ________________
owe ________________
own ________________
Oxford ________________
Pacific Ocean ________________
pacifism ________________
pack ________________
page ________________
page number ________________
pain ________________
painful ________________
panda ________________
panic ________________
pants ________________
paparazzi ________________
paper ________________
paperback ________________
paragraph ________________
pardon ________________
parent ________________
park ________________
parking ticket ________________
Parliament ________________
part ________________
partner ________________
pass ________________
passenger ________________
passport ________________
passport control ________________
password ________________
past continuous ________________
past perfect ________________
past simple ________________
pasta ________________
patient ________________
pattern ________________
pause ________________
pavement ________________
pay ________________
pay for ________________
payment ________________
peace ________________
pedal ________________
peer pressure ________________
pen drive ________________
pence ________________
people ________________
performer ________________
perhaps ________________
perseverance ________________
person ________________
persuade ________________
petrol pump ________________
pharmacist ________________
pharmacy ________________
phone ________________
phoneme ________________
phonetics ________________
phonics ________________
phrase ________________
piano ________________
pick ________________

*Spelling and sounds are **different** in English. You have to learn **both parts** of each word!*

a	bat	b	bag	eir	pear	hh	loch	l	lake	or	ball	t	taxi	uuw	pure
ai	time	ch	cheese	er	shirt	i	dish	m	music	oy	toy	th	brother	v	van
aiy	hire	d	dice	eu	home	ii	happy	n	nurse	p	pig	tt	thousand	w	week
ar	star	e	leg	f	frog	iy	here	ng	ring	r	road	u	cup	y	yoghurt
au	cow	ee	three	g	glass	j	jam	o	sock	s	snow	uh	arrive	z	zip
auw	power	ei	plane	h	head	k	kit	oo	shoot	sh	shop	uu	pull	zz	revision

Clear Alphabet Dictionary

Translate from Normal Spelling to Clear Alphabet

pick up ____________________
picnic ____________________
picture ____________________
pie ____________________
piece ____________________
pig ____________________
pilot ____________________
pink ____________________
pint ____________________
pizza ____________________
place ____________________
plain ____________________
plan ____________________
plane ____________________
plant ____________________
plaster ____________________
play ____________________
player ____________________
playground ____________________
playlist ____________________
please ____________________
plot ____________________
plumber ____________________
plural form ____________________
podcast ____________________
poetry ____________________
point ____________________
police officer ____________________
police station ____________________
policy ____________________
politician ____________________
politics ____________________
pom ____________________
poor ____________________
pop ____________________
pop star ____________________
popcorn ____________________
port ____________________
porter ____________________
pose ____________________
positive ____________________
possible ____________________
post ____________________
post office ____________________
potato ____________________
pound ____________________
poverty ____________________
power ____________________
practise ____________________
praise ____________________
predict ____________________
prediction ____________________
prefer ____________________
pregnancy ____________________
preparation ____________________
prepare ____________________
preposition ____________________
prescription ____________________
present perfect ____________________
present simple ____________________
presentation ____________________
presenter ____________________
president ____________________
press ____________________
pretty ____________________
price ____________________
prime minister ____________________
print ____________________
priority boarding ____________________
prison ____________________
prison sentence ____________________
problem ____________________
produce ____________________
product ____________________
profile ____________________
programme ____________________
prohibit ____________________
projectionist ____________________

*Spelling and sounds are **different** in English. You have to learn **both parts** of each word!*

a	bat	b	bag	eir	pear	hh	loch	l	lake	or	ball	t	taxi	uuw	pure
ai	time	ch	cheese	er	shirt	i	dish	m	music	oy	toy	th	brother	v	van
aiy	hire	d	dice	eu	home	ii	happy	n	nurse	p	pig	tt	thousand	w	week
ar	star	e	leg	f	frog	iy	here	ng	ring	r	road	u	cup	y	yoghurt
au	cow	ee	three	g	glass	j	jam	o	sock	s	snow	uh	arrive	z	zip
auw	power	ei	plane	h	head	k	kit	oo	shoot	sh	shop	uu	pull	zz	revision

Clear Alphabet Dictionary

Translate from Normal Spelling to Clear Alphabet

promise
promote
promotion
pronoun
pronunciation
protest
prove
psychiatrist
public
public toilet
puck
pull
punishment
purple
purse
push
put
put down
put on
pyjamas
qualification
quarter
Queensland
question
question mark
queue
quick
quid
quiet
quotation
R & B
rabbit
racquet
radiator
radio
rain
rainbow
raincoat
rainforest

raise
raise money
ran
rash
ratings
reach
read
reader
reading
ready
real
reality TV
rear view mirror
reassure
receipt
receive
receptionist
recharge
reckon
recline
reconciliation
record
recycle
red
redundancy
referee
refund
refuse
refute
regret
reject
rejection letter
relaxation
remember
remote control
remove
renege
renew
rent

*Spelling and sounds are **different** in English. You have to learn **both parts** of each word!*

a	bat	b	bag	eir	pear	hh	loch	l	lake	or	ball	t	taxi	uuw	pure
ai	time	ch	cheese	er	shirt	i	dish	m	music	oy	toy	th	brother	v	van
aiy	hire	d	dice	eu	home	ii	happy	n	nurse	p	pig	tt	thousand	w	week
ar	star	e	leg	f	frog	iy	here	ng	ring	r	road	u	cup	y	yoghurt
au	cow	ee	three	g	glass	j	jam	o	sock	s	snow	uh	arrive	z	zip
auw	power	ei	plane	h	head	k	kit	oo	shoot	sh	shop	uu	pull	zz	revision

Clear Alphabet Dictionary

Translate from Normal Spelling to Clear Alphabet

rental ____________________
reply ____________________
representative ____________________
research ____________________
reservation ____________________
reservoir ____________________
rest ____________________
restaurant ____________________
retirement home ____________________
return ____________________
review ____________________
rice ____________________
rich ____________________
ride ____________________
right ____________________
ring ____________________
risk ____________________
rival ____________________
river ____________________
r-linking ____________________
road ____________________
road rage ____________________
road sign ____________________
rock ____________________
roll ____________________
romance ____________________
room ____________________
room service ____________________
rough ____________________
round ____________________
roundabout ____________________
rubbish ____________________
rugby ____________________
rule ____________________
run ____________________
runway ____________________
sad ____________________
safari park ____________________
said ____________________

sailing ____________________
salary ____________________
sale ____________________
sales assistant ____________________
same ____________________
sand ____________________
satire ____________________
Saturday ____________________
sauna ____________________
sausage ____________________
save ____________________
save up ____________________
savings ____________________
saw ____________________
saxophone ____________________
say ____________________
scales ____________________
scarf ____________________
scary ____________________
school ____________________
Schwa sound ____________________
science ____________________
science fiction ____________________
score ____________________
Scotland ____________________
screenplay ____________________
sea ____________________
search ____________________
search engine ____________________
season ____________________
seasonal work ____________________
seat ____________________
seatbelt ____________________
second ____________________
security ____________________
security guard ____________________
see ____________________
see you ____________________
seem ____________________

*Spelling and sounds are **different** in English. You have to learn **both parts** of each word!*

a	bat	b	bag	eir	pear	hh	loch	l	lake	or	ball	t	taxi	uuw	pure
ai	time	ch	cheese	er	shirt	i	dish	m	music	oy	toy	th	brother	v	van
aiy	hire	d	dice	eu	home	ii	happy	n	nurse	p	pig	tt	thousand	w	week
ar	star	e	leg	f	frog	iy	here	ng	ring	r	road	u	cup	y	yoghurt
au	cow	ee	three	g	glass	j	jam	o	sock	s	snow	uh	arrive	z	zip
auw	power	ei	plane	h	head	k	kit	oo	shoot	sh	shop	uu	pull	zz	revision

Clear Alphabet Dictionary

Translate from Normal Spelling to Clear Alphabet

self ____________________
self-esteem ____________________
sell ____________________
semi-colon ____________________
send ____________________
sentence ____________________
sentence stress ____________________
separation ____________________
September ____________________
sequel ____________________
serious ____________________
serve ____________________
service station ____________________
set ____________________
seven ____________________
seventeen ____________________
seventy ____________________
several ____________________
shake ____________________
shall ____________________
Shane Warne ____________________
shape ____________________
shark ____________________
she ____________________
sheep ____________________
shelf ____________________
Sherwood Forest ____________________
shine ____________________
ship ____________________
shirt ____________________
shoe ____________________
shop ____________________
shoplift ____________________
shoplifting ____________________
shopping ____________________
shopping centre ____________________
short ____________________
shorts ____________________
should ____________________
shoulder ____________________
shout ____________________
show ____________________
shower ____________________
shut ____________________
sibling rivalry ____________________
sick ____________________
side ____________________
side mirror ____________________
sideboard ____________________
sidekick ____________________
sign ____________________
silent letter ____________________
simple ____________________
since ____________________
sing ____________________
singer ____________________
single parent ____________________
singular form ____________________
sink ____________________
sister ____________________
sister-in-law ____________________
sit ____________________
sit down ____________________
six ____________________
sixteen ____________________
sixty ____________________
size ____________________
Skegness ____________________
skeleton ____________________
skiing ____________________
skin ____________________
skirt ____________________
sky ____________________
sledge ____________________
sleep ____________________
sleeping bag ____________________
sleet ____________________
slim ____________________

*Spelling and sounds are **different** in English. You have to learn **both parts** of each word!*

a	bat	b	bag	eir	pear	hh	loch	l	lake	or	ball	t	taxi	uuw	pure
ai	time	ch	cheese	er	shirt	i	dish	m	music	oy	toy	th	brother	v	van
aiy	hire	d	dice	eu	home	ii	happy	n	nurse	p	pig	tt	thousand	w	week
ar	star	e	leg	f	frog	iy	here	ng	ring	r	road	u	cup	y	yoghurt
au	cow	ee	three	g	glass	j	jam	o	sock	s	snow	uh	arrive	z	zip
auw	power	ei	plane	h	head	k	kit	oo	shoot	sh	shop	uu	pull	zz	revision

Clear Alphabet Dictionary

Translate from Normal Spelling to Clear Alphabet

slip ____________
slipper ____________
slow ____________
small ____________
smell ____________
smile ____________
smoke ____________
smooth ____________
snail ____________
snooker ____________
snow ____________
Snowdonia ____________
snowman ____________
so ____________
so far ____________
so to speak ____________
soap opera ____________
social network ____________
sock ____________
sofa ____________
soft ____________
soldier ____________
solicitor ____________
some ____________
something ____________
son ____________
song ____________
soon ____________
sort ____________
sort of ____________
sound ____________
sound spine ____________
soundtrack ____________
soup ____________
sous chef ____________
south ____________
spa ____________
spam ____________
speak ____________

speak out ____________
speaking ____________
special ____________
special effects ____________
speech mark ____________
spell ____________
spelling ____________
spend ____________
spider ____________
spin ____________
spine ____________
sport ____________
sports car ____________
spring ____________
squash ____________
stadium ____________
stag night ____________
stairs ____________
stand ____________
stand out ____________
stand up ____________
star ____________
starfish ____________
start ____________
state ____________
state pension ____________
station ____________
stay ____________
steal ____________
steering wheel ____________
step ____________
stereo ____________
stethoscope ____________
STI ____________
stick to ____________
still ____________
stitches ____________
stock market ____________
stomach ____________

*Spelling and sounds are **different** in English. You have to learn **both parts** of each word!*

a	bat	b	bag	eir	pear	hh	loch	l	lake	or	ball	t	taxi	uuw	pure
ai	time	ch	cheese	er	shirt	i	dish	m	music	oy	toy	th	brother	v	van
aiy	hire	d	dice	eu	home	ii	happy	n	nurse	p	pig	tt	thousand	w	week
ar	star	e	leg	f	frog	iy	here	ng	ring	r	road	u	cup	y	yoghurt
au	cow	ee	three	g	glass	j	jam	o	sock	s	snow	uh	arrive	z	zip
auw	power	ei	plane	h	head	k	kit	oo	shoot	sh	shop	uu	pull	zz	revision

Clear Alphabet Dictionary

Translate from Normal Spelling to Clear Alphabet

stomach ache ____________________
Stonehenge ____________________
stood ____________________
stop ____________________
storm ____________________
story ____________________
strange ____________________
strategy ____________________
strawberry ____________________
stream ____________________
streaming video ____________________
street ____________________
stress ____________________
stress mark ____________________
stress pattern ____________________
stressed syllable ____________________
stretcher ____________________
strike ____________________
string ____________________
strong ____________________
strong form ____________________
strong stress ____________________
student ____________________
student loan ____________________
study ____________________
stupid ____________________
subject ____________________
subtitles ____________________
succeed ____________________
success ____________________
such ____________________
suffix ____________________
suggest ____________________
suicide ____________________
suit ____________________
summer ____________________
sun ____________________
sunbathing ____________________
sunblock ____________________

Sunday ____________________
Sunday driver ____________________
sunglasses ____________________
sunset ____________________
suntan ____________________
super ____________________
supermarket ____________________
support ____________________
supporter ____________________
sure ____________________
surface ____________________
surgeon ____________________
surgery ____________________
surround sound ____________________
suspect ____________________
swim ____________________
swimming ____________________
swimming pool ____________________
swipe card ____________________
switch off ____________________
switch on ____________________
Sydney ____________________
syllable ____________________
syringe ____________________
ta ____________________
table ____________________
table tennis ____________________
tablets ____________________
tabloid ____________________
tail ____________________
take ____________________
take away ____________________
take off ____________________
take out ____________________
talk ____________________
taste ____________________
tax ____________________
tax office ____________________
taxi ____________________

*Spelling and sounds are **different** in English. You have to learn **both parts** of each word!*

a	bat	b	bag	eir	pear	hh	loch	l	lake	or	ball	t	taxi	uuw	pure
ai	time	ch	cheese	er	shirt	i	dish	m	music	oy	toy	th	brother	v	van
aiy	hire	d	dice	eu	home	ii	happy	n	nurse	p	pig	tt	thousand	w	week
ar	star	e	leg	f	frog	iy	here	ng	ring	r	road	u	cup	y	yoghurt
au	cow	ee	three	g	glass	j	jam	o	sock	s	snow	uh	arrive	z	zip
auw	power	ei	plane	h	head	k	kit	oo	shoot	sh	shop	uu	pull	zz	revision

Clear Alphabet Dictionary

Translate from Normal Spelling to Clear Alphabet

teach	____________	though	____________
teacher	____________	thought	____________
team	____________	thousand	____________
tear	____________	threaten	____________
teenager	____________	three	____________
television	____________	thriller	____________
tell	____________	throat	____________
temperature	____________	through	____________
ten	____________	throw	____________
tennis	____________	Thursday	____________
tennis court	____________	ticket	____________
tense	____________	tie	____________
tent	____________	tiger	____________
terminal	____________	tights	____________
terminal illness	____________	till	____________
terrorism	____________	time	____________
test	____________	tired	____________
text	____________	title	____________
than	____________	to	____________
thank	____________	today	____________
that	____________	toe	____________
the	____________	together	____________
theatre	____________	toilet	____________
theft	____________	told	____________
their	____________	tomato	____________
them	____________	tongue	____________
then	____________	too	____________
there	____________	took	____________
thermometer	____________	tooth	____________
these	____________	toothbrush	____________
they	____________	toothpaste	____________
thief	____________	top	____________
thing	____________	tortoise	____________
think	____________	touch	____________
third conditional	____________	touchscreen	____________
thirteen	____________	tourist	____________
thirty	____________	toward	____________
this	____________	town	____________
those	____________	town hall	____________

*Spelling and sounds are **different** in English. You have to learn **both parts** of each word!*

a	bat	b	bag	eir	pear	hh	loch	l	lake	or	ball	t	taxi	uuw	pure
ai	time	ch	cheese	er	shirt	i	dish	m	music	oy	toy	th	brother	v	van
aiy	hire	d	dice	eu	home	ii	happy	n	nurse	p	pig	tt	thousand	w	week
ar	star	e	leg	f	frog	iy	here	ng	ring	r	road	u	cup	y	yoghurt
au	cow	ee	three	g	glass	j	jam	o	sock	s	snow	uh	arrive	z	zip
auw	power	ei	plane	h	head	k	kit	oo	shoot	sh	shop	uu	pull	zz	revision

Clear Alphabet Dictionary

Translate from Normal Spelling to Clear Alphabet

tracksuit ____________________
tractor ____________________
traffic lights ____________________
train ____________________
train driver ____________________
trainer ____________________
training course ____________________
transfer ____________________
translate ____________________
translation ____________________
transport ____________________
transportation ____________________
travel agent ____________________
treble ____________________
tree ____________________
trial ____________________
trolley ____________________
trousers ____________________
truancy ____________________
true ____________________
trumpet ____________________
trust ____________________
try ____________________
try on ____________________
t-shirt ____________________
tsunami ____________________
Tuesday ____________________
turbulence ____________________
turn ____________________
turn off ____________________
turn on ____________________
TV licence ____________________
twelve ____________________
twenty ____________________
twist ____________________
Twitter ____________________
two ____________________
type ____________________
tyre ____________________

ugly ____________________
uh oh ____________________
UK ____________________
Uluru ____________________
umbrella ____________________
uncle ____________________
under ____________________
understand ____________________
underwear ____________________
uniform ____________________
unit ____________________
United Kingdom ____________________
United Nations ____________________
university ____________________
unkind ____________________
unless ____________________
until ____________________
up ____________________
update ____________________
upgrade ____________________
upon ____________________
upper case ____________________
URL ____________________
us ____________________
use ____________________
username ____________________
usual ____________________
vacancy ____________________
valley ____________________
van ____________________
vegetable ____________________
vegetarian ____________________
vein ____________________
verb ____________________
verse ____________________
very ____________________
vest ____________________
victim ____________________
video camera ____________________

*Spelling and sounds are **different** in English. You have to learn **both parts** of each word!*

a	bat	b	bag	eir	pear	hh	loch	l	lake	or	ball	t	taxi	uuw	pure
ai	time	ch	cheese	er	shirt	i	dish	m	music	oy	toy	th	brother	v	van
aiy	hire	d	dice	eu	home	ii	happy	n	nurse	p	pig	tt	thousand	w	week
ar	star	e	leg	f	frog	iy	here	ng	ring	r	road	u	cup	y	yoghurt
au	cow	ee	three	g	glass	j	jam	o	sock	s	snow	uh	arrive	z	zip
auw	power	ei	plane	h	head	k	kit	oo	shoot	sh	shop	uu	pull	zz	revision

Clear Alphabet Dictionary

Translate from Normal Spelling to Clear Alphabet

viewer ____________
village ____________
violence ____________
violin ____________
virus ____________
visa ____________
visit ____________
visiting hours ____________
vocabulary ____________
voice ____________
volleyball ____________
voluntary work ____________
vote ____________
voter ____________
vowel ____________
vowel cluster ____________
vowel sound ____________
wait ____________
waiter ____________
waiting list ____________
waiting room ____________
wake up ____________
wake up call ____________
Wales ____________
walk ____________
walkabout ____________
wall ____________
wallet ____________
want ____________
war ____________
ward ____________
wardrobe ____________
warm ____________
warn ____________
was ____________
wash ____________
waste ____________
watch ____________
watching TV ____________

water ____________
wave ____________
way ____________
way in ____________
way out ____________
we ____________
weak ____________
weak form ____________
wear ____________
weather ____________
weather forecast ____________
web page ____________
web server ____________
webcam ____________
website ____________
wedding ____________
Wednesday ____________
week ____________
weekend ____________
weigh ____________
weight ____________
welcome ____________
well ____________
went ____________
were ____________
west ____________
wet ____________
whale ____________
what ____________
whatever ____________
wheel ____________
wheelchair ____________
when ____________
whenever ____________
where ____________
wherever ____________
whether ____________
which ____________
whichever ____________

*Spelling and sounds are **different** in English. You have to learn **both parts** of each word!*

a	bat	b	bag	eir	pear	hh	loch	l	lake	or	ball	t	taxi	uuw	pure
ai	time	ch	cheese	er	shirt	i	dish	m	music	oy	toy	th	brother	v	van
aiy	hire	d	dice	eu	home	ii	happy	n	nurse	p	pig	tt	thousand	w	week
ar	star	e	leg	f	frog	iy	here	ng	ring	r	road	u	cup	y	yoghurt
au	cow	ee	three	g	glass	j	jam	o	sock	s	snow	uh	arrive	z	zip
auw	power	ei	plane	h	head	k	kit	oo	shoot	sh	shop	uu	pull	zz	revision

Clear Alphabet Dictionary

Translate from Normal Spelling to Clear Alphabet

while
white
who
whole
whose
why
wide
widescreen
widow
wife
Wi-Fi
Wi-Fi device
will
Wimbledon
win
wind
wind farm
windscreen
wine
winner
winter
winter tyres
wish
wish well
with
withdrawal
without
witness
woman
wonder
wood
word
word stress
work
work experience
work on
world
world wide web
worm
worried
worry
worse
would
wow
wrist
write
write down
writing
wrong
x-ray
year
yellow
yes
yet
York
you
young
your
yours
YouTube
zebra
zebra crossing
zero
zero conditional
zip

*Spelling and sounds are **different** in English. You have to learn **both parts** of each word!*

a	bat	b	bag	eir	pear	hh	loch	l	lake	or	ball	t	taxi	uuw	pure
ai	time	ch	cheese	er	shirt	i	dish	m	music	oy	toy	th	brother	v	van
aiy	hire	d	dice	eu	home	ii	happy	n	nurse	p	pig	tt	thousand	w	week
ar	star	e	leg	f	frog	iy	here	ng	ring	r	road	u	cup	y	yoghurt
au	cow	ee	three	g	glass	j	jam	o	sock	s	snow	uh	arrive	z	zip
auw	power	ei	plane	h	head	k	kit	oo	shoot	sh	shop	uu	pull	zz	revision

Clear Alphabet Dictionary

Normal Spelling & Clear Alphabet Spelling (with stressed vowel sound in red)

a	uh
A & E	ei yn Dee
a bit	uh Bit
a few	uh Fyoo
a little	uh Li tl
Aberdeen	a b Deen
able	Ei bl
about	uh Baut
above	uh Buv
absolutely	a ps Loo_ lii
accelerator	a Kse l rei t
accept	uh Ksept
accident	A ks dnt
account	uh Kaunt
accountant	uh Kaun tnt
ache	Eik
achievement	uh Chee vmnt
acne	A knii
act	Akt
action	A kshn
actor	A kt
actress	A ktrs
add	Ad
addiction	uh Di kshn
adjective	A je ktiv
admin assistant	A dmi n si stnt
adolescence	a d Le sns
adopted family	uh do pt Tfa m lii
adverb	A dverb
adverbial clause	a dver biyl Klorz
advert	A dvert
advertising	A dv tai zing
advise	uh Dvaiz
aeroplane	Eir r plein
affair	uh Feir
afford	uh Ford
after	Ar ft
after all	ar ft Rorl
again	uh Gen
against	uh Genst
age	Eij
ago	uh Geu
agree	uh Gree
agree with	uh Gree with
air	Eir
airline	Eir lain
airport	Eir port
aisle	Aiyl
alcoholism	Al k ho lizm
all	Orl
allergy	A l jii
allow	uh Lau
alphabet	Al f bet
also	Orl seu
although	orl Theu
Alton Towers	ol tn Tau wz
always	Orl weiz
am	Am
ambition	am Bi shn
ambulance	Am by lns
among	uh Mung
amusement park	uh Myoo zmn_ park
an	An
anaesthetic	a n Stte tik
anarchist	A n kist
and	And
angry	Ang grii
animal	A n ml
animation	a n Mei shn
ankle	Ang kl
anniversary	a n Ver s rii
another	uh Nu th
answer	Arn s
ant	Ant
any	E nii
anyone	E nii wun
apartment	uh Par_ mnt
apartment block	uh Par_ mn_ blok
apologise	uh Po l jaiz
apostrophe	uh Po str fii
appeal	uh Piyl
appear	uh Piy

Clear Alphabet Dictionary

Normal Spelling & Clear Alphabet Spelling (with stressed vowel sound in red)

appearance	uh Piy rns
apple	A pl
application form	a pl Kei shn form
apply	uh Plai
apply for	uh Plai f
appointment	uh Poyn_ mnt
April	Ei prl
are	Ar
area	Eir riy
arm	Arm
around	uh Raund
arrange	uh Reinj
arrest	uh Rest
arrival	uh Rai vl
arrivals	uh Rai vlz
arrive	uh Raiv
arson	Ar sn
article	Ar t kl
artist	Ar tist
as	Az
as long as	uh Zlong uhz
as soon as	uh Soo nz
as… as	uhz… uhz
ask	Arsk
ask out	Ar Skaut
ask permission	ar skp Mi shn
assert	uh Sert
assimilation	uh si m Lei shn
assure	uh Shuuw
at	At
ate	Eit
athletics	a Ttle tikz
attachment	uh Ta chmnt
attack	uh Tak
audience	Or diyns
August	Or gst
aunt	Arnt
Australia	o Strei liy
author	Or tt
autobiography	or t bai Yo gr fii
automatic	or t Ma tik
autumn	Or tm
auxiliary verb	or Gzi l rii verb
award	uh Word
away	uh Wei
baby	Bei bii
back	Bak
back cover	ba_ Ku v
bad	Bad
badminton	Ba tmin tn
bag	Bag
baker	Bei k
bakery	Bei k rii
balance	Ba lns
ball	Borl
ballet	Ba lei
ban	Ban
banana	b Nar n
bank	Bangk
bank account	Bang k kaunt
barbie	Bar bii
Barossa Valley	b ro s Va lii
base	Beis
baseball	Bei sborl
basketball	Bar ski_ borl
bat	Bat
bath	Barth
bathroom	Bar throom
battery	Ba t rii
be	Bee
be able to	bi Yei bl t
be born	bi Born
be cancelled	bi Kan sld
be fed	bi Fed
be married	bi Ma rid
be mugged	bi Mugd
be stopped	bi Stopt
be written by	bi Ri tn bai
beach	Beech
bear	Beir
beat	Beet
beautiful	Byoo t fl

Clear Alphabet Dictionary

Normal Spelling & Clear Alphabet Spelling (with stressed vowel sound in red)

beauty	Byoo tii
because	b Koz
bed	Bed
bedroom	Be droom
bee	Bee
beef	Beef
been	Been
beer	Biy
before	b For
beg	Beg
began	b Gan
begin	b Gin
behind	b Haind
Belfast	Bel farst
believe	b Leev
below	b Leu
belt	Belt
bench	Bench
bend over	Ben Deu v
beneath	b Neett
benefits	Be n fi_s
benefits trap	Be n fi_ strap
berate	b Reit
beside	b Said
best	Best
best friend	be Stfrend
best man	be Stman
better	Be t
between	b Tween
bias	Baiys
big	Big
bike	Baik
bill	Bil
billion	Bil yn
biography	bai Yo gr fii
bird	Berd
birth	Bertt
birthday	Ber ttdei
black	Blak
blackmail	Bla kmeil
blessing	Ble sing
blockbuster	Blo kbu st
bloke	Bleuk
blood	Blud
blood test	Blu_ test
blouse	Blauz
blue	Bloo
blues	Blooz
boarding pass	Bor ding pars
boat	Beut
body	Bo dii
body language	Bo dii lang gwij
bone	Beun
book	Buuk
bookshop	Buu kshop
boomerang	Boo m rang
boot	Boot
boredom	Bor dm
boring	Bor ring
borrow	Bo reu
both	Beutt
bouncer	Baun s
Bournemouth	Born mth
bowling club	Beu ling klub
box	Boks
box office	Bo kso fis
box set	bo Kset
boxing	Bo ksing
boy	Boy
boyfriend	Boy frend
bra	Brar
brackets	Bra ki_z
brain	Brein
brake	Breik
brake light	Brei klait
bread	Bred
break	Breik
break down	Brei Kdaun
break in	Brei Kin
Brick Lane	bri Klein
bride	Braid
bridesmaid	Brai tzmeid

Clear Alphabet Dictionary

Normal Spelling & Clear Alphabet Spelling (with stressed vowel sound in red)

bridge	Brij
brief	Breef
brilliant	Bril ynt
bring	Bring
bring back	Bring Bak
bring down	Bring Daun
Brisbane	Briz bn
Bristol	Bri stl
British	Bri tish
broken arm	breu k Narm
broken bone	breu kn Beun
broken home	breu kn Heum
brother	Bru th
brother-in-law	Bru th rin lor
brought	Brort
brown	Braun
browse	Brauz
browser	Brau z
bruise	Brooz
brush	Brush
budget airline	bu ji_ Eir lain
build	Bild
builder	Bil d
building	Bil ding
building site	Bil ding sait
bullying	Buu lii ying
bump into	Bum Pin t
bungalow	Bung g leu
burglar alarm	Ber gl r larm
bus	Bus
bus stop	Bu stop
bush	Buush
business class	Bi zni sklars
business trip	Bi zni strip
busy	Bi zii
but	But
butcher	Buu ch
butter	Bu t
butterfly	Bu t flai
buttons	Bu tnz
buy	Bai
by	Bai
by the way	bai th Wei
café	Ka fei
call	Korl
calm	Karm
Cambridge	Keim brij
came	Keim
camping	Kam ping
can	Kan
Canberra	Kan br
cancel	Kan sl
cancellation	kan s Lei shn
cancer	Kan s
candidate	Kan d dt
canoe	k Noo
Captain Cook	ka ptn Kuuk
car	Kar
car park	Kar park
car showroom	kar Sheu room
Cardiff	Kar dif
Cardigan Bay	kar d gn Bei
care	Keir
carpet	Kar pit
carrot	Ka rt
carry	Ka rii
case	Keis
cash	Kash
cashpoint	Ka shpoynt
casino	k See neu
cat	Kat
catch	Kach
Cate Blanchett	kei_ Blarn cht
caterpillar	Ka t pi l
cathedral	k Ttee drl
cause	Korz
ceiling	See ling
celebrate	Se l breit
censorship	Sen s ship
centre	Sen t
cereal	Siy riyl
certain	Ser tn

Clear Alphabet Dictionary

Normal Spelling & Clear Alphabet Spelling (with stressed vowel sound in red)

championship	Cham pyn ship
change	Cheinj
channel	Cha nl
chapter	Cha pt
character	Ka r kt
charity	Cha r tii
chat	Chat
chat up	Cha Tup
chatty	Cha tii
chauffeur	Sheu f
cheap	Cheep
check	Chek
check-in desk	Che kin desk
checkout	Che kaut
cheek	Cheek
cheerful	Chiy fl
cheers	Chiyz
cheese	Cheez
chef	Shef
chemist	Ke mist
cheque	Chek
chequebook	Che kbuuk
chest	Chest
chick	Chik
chicken	Chi kn
child	Chaild
child poverty	chail Tpo v tii
childcare	Chail tkeir
childhood	Chail thuud
children	Chil drn
children's book	Chil drn zbuuk
chin	Chin
chips	Chipz
chocolate	Cho klt
choir	Kwaiy
choose	Chooz
chorus	Kor rs
church	Cherch
cider	Sai d
cinema	Si n m
citizen	Si t zn
city	Si tii
claim	Kleim
clarify	Kla r fai
class	Klars
classic	Kla sik
classical	Kla s kl
classified advert	kla s fai Ta tvert
clause	Klorz
clean	Kleen
clear	Kliy
clever	Kle v
click	Klik
cliff	Klif
climate change	Klai m_ cheinj
climb	Klaim
climbing	Klai ming
clinic	Kli nik
close	Kleuz
clothes	Kleuthz
clothes shop	Kleu thzshop
cloud	Klaud
Clumber Park	klum b Park
clutch	Kluch
coast	Keust
coat	Keut
coffin	Ko fin
coin	Koyn
cold	Keuld
college	Ko lij
colon	Keu lon
colour	Ku l
comb	Keum
come	Kum
come in	Ku Min
come on	Ku Mon
come out	Ku Maut
come out of	Ku Mau tv
comedy	Ko m dii
comfortable	Kum ft bl
comma	Ko m
comment	Ko ment

Clear Alphabet Dictionary

Normal Spelling & Clear Alphabet Spelling (with stressed vowel sound in red)

commentator	Ko mn tei t
common	Ko mn
commuter	k Myoo t
company	Kum p nii
compare	km Peir
competition	kom p Ti shn
complain	km Plein
complaint	km Pleint
complete	km Pleet
computer	km Pyoo t
computer game	km Pyoo t geim
condemn	kn Dem
conductor	kn Du kt
confirm	kn Ferm
congratulate	kn Gra ch leit
conjunction	kn Jung kchn
connect	k Nekt
connection	k Ne kshn
console	kn Seul
consonant	Kon s nnt
constituency	kn Sti ch wn sii
consultant	kn Sul tnt
contact	Kon takt
contain	kn Tein
content word	Kon ten_ werd
contents	Kon tentz
contraception	kon tr Se pshn
contraction	kn Tra kshn
contrast	kn Trarst
convergence	kn Ver jns
convict	Kon vikt
convince	kn Vins
cook	Kuuk
cooker	Kuu k
cookie	Kuu kii
cooking	Kuu king
copy	Ko pii
correct	k Rekt
corridor	Ko r dor
corruption	k Ru pshn
cough	Kof
could	Kuud
council	Kaun sl
count	Kaunt
country	Kun trii
countryside	Kun tri said
course	Kors
course book	Kor sbuuk
court	Kort
cousin	Ku zn
cover	Ku v
covering letter	Ku v ring le t
cow	Kau
crash	Krash
credit card	Kre di_ kard
cricket	Kri kit
crime	Kraim
criminal	Kri m nl
criminal record	kri m nl Re kord
crisps	Krispz
criticise	Kri t saiz
crocodile	Kro k dail
crop	Krop
cross	Kros
cruise	Krooz
crutch	Kruch
cry	Krai
cue	Kyoo
cup	Kup
cupboard	Ku bd
currency	Ku rn sii
curry	Ku rii
curse	Kers
custody battle	Ku st dii ba tl
customer	Ku st m
customs	Ku stmz
cut	Kut
cyberspace	Sai b speis
cycle	Sai kl
cycling	Sai kling
cyclone	Sai kleun
dad	Dad

Clear Alphabet Dictionary

Normal Spelling & Clear Alphabet Spelling (with stressed vowel sound in red)

damage	Da mij
dance	Darns
dark	Dark
dash	Dash
dashboard	Da shbord
data transfer	dei t Tran sfer
dating	Dei ting
daughter	Dor t
day	Dei
deal with	Diyl With
death	Dett
debate	d Beit
debit card	De bi_ kard
debt	Det
December	d Sem b
decide	d Said
decision	d Si zzn
deep	Deep
defendant	d Fen dnt
delicatessen	de l k Te sn
delicious	d Li shs
demand	d Marnd
democracy	d Mo kr sii
dentist	Den tist
department store	d Par_ mn_ stor
departure	d Par ch
departure lounge	d Par ch launj
deposit	d Po zit
Derby	Dar bii
Derbyshire	Dar bi sh
describe	d Skraib
desert	De zt
destination	de st Nei shn
detached house	d Ta chthaus
detective	d Te ktiv
detention	d Ten shn
determiner	d Ter mi n
develop	d Ve lp
diagnosis	daiy Gneu sis
dictator	di Ktei t
dictionary	Di kshn rii
did	Did
didgeridoo	di j rii Doo
die	Dai
differ	Di f
different	Di frnt
difficult	Di f klt
digital radio	di j tl Rei di yeu
dining chair	Dai ning cheir
dining room	Dai ning room
dining table	Dai ning tei bl
dinner	Di n
diphthong	Di pttong
direct	dai Rekt
director	dai Re kt
dirty	Der tii
disagree	di s Gree
discipline	Di s plin
discover	d Sku v
discrimination	d skri m Nei shn
discuss	d Skus
disillusionment	di s Loo zzn mnt
disown	di Seun
divorce	d Vors
DJ	Dee jei
do	Doo
doctor	Do kt
does	Duz
dog	Dog
dolphin	Dol fin
donate	deu Neit
done	Dun
don't	Deunt
door	Dor
double	Du bl
double bass	du bl Beis
down	Daun
download	daun Leud
drama	Drar m
draw	Dror
dream	Dreem
dress	Dres

Clear Alphabet Dictionary

Normal Spelling & Clear Alphabet Spelling (with stressed vowel sound in red)

drink	Dringk
drip	Drip
drive	Draiv
driver	Drai v
driving licence	Drai ving lai sns
drizzle	Dri zl
drought	Draut
drug trafficking	Dru ktra f king
drum	Drum
dry	Drai
dry spell	Drai spel
during	Juuw ring
duty manager	joo tii Ma n j
duty-free	joo tii Free
DVD	dee vee Dee
DVD player	dee vee Dee pleiy
each	Eech
ear	Iy
early	Er lii
earn	Ern
earring	Iy ring
earth	Ertt
ease	Eez
east	Eest
easy	Ee zii
eat	Eet
eat out	Ee Taut
ebook	Ee buuk
economy	i Ko n mii
economy class	i Ko n mii klars
Edinburgh	E din br
editor	E d t
education	e j Kei shn
egg	Eg
eight	Eit
eighteen	ei Teen
eighty	Ei tii
either	Ai th
elbow	El beu
election	uh Le kshn
electric guitar	uh le ktri_ gi Tar
electrician	i le Ktri shn
electronic tag	i le ktro ni Ktag
elephant	E l fnt
eleven	i Le vn
elision	i Li zzn
email	Ee meil
embarrassed	uhm Ba rst
emergency	i Mer jn sii
emergency exit	i mer jn sii Ye_ ksit
employment	uhm Ploy mnt
empty	Em ptii
emu	Ee myoo
encourage	uhn Ku rij
end	End
engagement	uhn Gei jmnt
engine	En jin
England	Ing glnd
English	Ing glish
English Channel	ing gli Shcha nl
enjoy	uhn Joy
enough	i Nuf
en-suite bathroom	on swee_ Bar ttroom
enter	En t
enthusiasm	uhn Ttoo zi yazm
environment	uhn Vaiy r mnt
escalator	E sk lei t
estate agent	uh Stei tei jnt
euthanasia	yoo tt Nei ziy
evade	i Veid
even	Ee vn
ever	E v
every	E vrii
everyone	E vrii wun
ex-	Eks-
examination	e kza m Nei shn
example	e Kzarm pl
except	e Ksept
exciting	e Ksai ting
exercise	E ks saiz
exit	E kzit
expenditure	e Kspen d ch

Clear Alphabet Dictionary

Normal Spelling & Clear Alphabet Spelling (with stressed vowel sound in red)

expensive	e Kspen siv
explain	e Ksplein
eye	Ai
eye contact	Ai kon takt
face	Feis
Facebook	Fei sbuuk
facilities	f Si l teez
fact	Fakt
factory worker	Fa ktrii wer k
fail	Feil
faith	Feitt
fall	Forl
family	Fa m lii
fantasy	Fan t sii
far	Far
fare	Feir
farm	Farm
farmer	Far m
fascism	Fa shizm
fast	Farst
fat	Fat
father	Far th
father-in-law	Far th rin lor
favorites	Fei vr_z
favourite	Fei vrt
feature	Fee ch
February	Fe br w rii
feel	Fiyl
feet	Feet
ferry	Fe rii
fertility treatment	f Ti l tii tree_ mnt
fever	Fee v
few	Fyoo
fiancé	fi Yon sei
fiancée	fi Yon sei
fiction	Fi kshn
field	Fiyld
fifteen	fi Fteen
fifty	Fi ftii
fight	Fait
figure	Fi g
file sharing	Fail sheir ring
fill	Fil
film	Film
final	Fai nl
find	Faind
find out	Fain Daut
fine	Fain
finger	Fing g
fingerprints	Fing g prin_z
finish	Fi nish
fire	Faiy
fireplace	Faiy pleis
first	Ferst
first conditional	fer skn Di shnl
first kiss	fir Skis
fish	Fish
fish and chips	fi shn Chipz
fishing	Fi shing
fit	Fit
fitness suite	Fi_ n sweet
five	Faiv
fix	Fiks
flat	Flat
flight	Flait
flight attendant	Flai t ten dnt
flooding	Flu ding
floor	Flor
flop	Flop
florist	Flo rist
flour	Flauw
flower	Flauw
fly	Flai
fog	Fog
fog lamps	Fo glamps
fold	Feuld
folk	Feuk
follow	Fo leu
food	Food
food hygiene	foo Thai jeen
foot	Fuut
football	Fuu_ borl

Clear Alphabet Dictionary

Normal Spelling & Clear Alphabet Spelling (with stressed vowel sound in red)

football stadium	Fuu_ borl stei diym	function word	Fung kshn werd
footy	Fuu tii	funeral	Fyoo nrl
for	For	funeral expenses	Fyoo nrl uh kspen sz
for now	f Nau	funny	Fu nii
for sure	f Shuuw	future perfect	fyoo ch Per fkt
force	Fors	future simple	fyoo ch Sim pl
forest	Fo rist	Gallipoli	g Li p lii
forest fire	fo ri Sfaiy	gambling	Gam bling
forget	f Get	game	Geim
form	Form	garage	Ga rij
forty	For tii	garden	Gar dn
forum	For rm	gardener	Gar d n
forward	For wd	gate	Geit
forward slash	For w tslash	gave	Geiv
foster parent	Fo st peir rnt	GBH	jee bee Yeich
found	Faund	gear stick	Giy stik
four	For	generalise	Jen r laiz
fourteen	for Teen	genre	Zzon r
fraction	Fra kshn	geography	jii Yo gr fii
free	Free	get	Get
free practice	free Pra ktis	get angry	ge Tang grii
free time	free Taim	get burned	ge_ Bernd
freedom	Free dm	get divorced	ge_ d Vorst
freesheet	Free sheet	get dressed	ge_ Drest
freezer	Free z	get in	Ge Tin
Friday	Frai dei	get off	Ge Tof
fridge	Frij	get on	Ge Ton
friend	Frend	get on with	Ge Ton with
friendship	Fren ship	get out	Ge Taut
frog	Frog	get promoted	ge_ pr Meu td
from	From	get stung	ge_ Stung
front	Frunt	get up	Ge Tup
front cover	frun_ Ku v	get worse	ge_ Wers
frown	Fraun	giraffe	j Rarf
frozen food	freu zn Food	girl	Gerl
fruit	Froot	girlfriend	Gerl frend
fruit juice	Froo_ joos	give	Giv
fuel	Fyuuwl	give away	Gi v Wei
fuel bill	Fyuuwl bil	give back	Gi Vbak
full	Fuul	glasses	Glar sz
full stop	fuul Stop	glottal stop	glo tl Stop

Clear Alphabet Dictionary

Normal Spelling & Clear Alphabet Spelling (with stressed vowel sound in red)

glove	Gluv
go	Geu
God	God
go into	Geu Win t
go on	Geu Won
go out	Geu Waut
go through	Geu Ttroo
go up	Geu Wup
goal	Geul
goes	Geuz
going	Geu wing
going to	Geu wing t
gold	Geuld
gold rush	Geul drush
goldfish	Geul tfish
golf	Golf
good	Guud
Google	Goo gl
gorilla	g Ri l
gossip	Go sip
got	Got
govern	Gu vn
government	Gu v mnt
graduate	Gra joo weit
graduation	gra j Wei shn
grammar	Gra m
grandchild	Gran chaild
granddad	Gran dad
granddaughter	Gran dor t
grandma	Gran mar
grandson	Gran sun
grass	Grars
great	Greit
Great Britain	grei_ Bri tn
greedy	Gree dii
green	Green
greengrocer	Green greu s
Greenwich	Gre nich
greet	Greet
grey	Grei
groceries	Greu s riz
groom	Groom
ground	Graund
group	Groop
grow	Greu
growing pains	Greu wing peinz
grumpy	Grum pii
guess	Ges
guilt	Gilt
guitar	g Tar
gun	Gun
hacker	Ha k
had	Had
Hadrian's Wall	hei driyn Zworl
hailstones	Heil steunz
hair	Heir
hairdresser	Heir dre s
half	Harf
hall	Horl
hand	Hand
handbag	Han bag
handbrake	Han breik
handcuffs	Han kufz
handsome	Han sm
hang	Hang
hang out	Hang Aut
happen	Ha pn
happy	Ha pii
hard	Hard
hardback	Har dbak
has	Haz
hat	Hat
hate	Heit
Hathersage	Ha th seij
have	Hav
have pierced	ha Fpiyst
have to	Haf t
hazard	Ha zd
HDTV	ei chdee tee Vee
he	Hee
head	Hed
head for	He Tfor

Clear Alphabet Dictionary

Normal Spelling & Clear Alphabet Spelling (with stressed vowel sound in red)

head teacher	he Tee ch
headache	He deik
headlights	He dlai_z
headline	He dlain
heal	Hiyl
health	Helth
healthy	Hel ttii
hear	Hiy
heard	Herd
heart	Hart
heart attack	Har t tak
heat	Heet
heat wave	Hee tweiv
heavy	He vii
help	Help
her	Her
here	Hiy
hero	Hiy reu
hey	Hei
hi	Hai
high	Hai
high heels	hai Heelz
Highway Code	hai wei Keud
hiking	Hai king
hill	Hil
him	Him
hip-hop	Hi phop
hippopotamus	hi p Po t ms
his	Hiz
history	Hi st rii
hit	Hit
hobby	Ho bii
hockey	Ho kii
hold	Heuld
holiday	Ho l dei
holiday rep	Ho l dei rep
holiday resort	Ho l dei r zort
home	Heum
home movie	heu Moo vii
home page	Heum peij
homework	Heum werk
homophone	Ho m feun
hope	Heup
horror	Ho r
horse	Hors
hospital	Ho sp tl
hospitality	ho sp Ta l tii
hot	Hot
hotel	heu Tel
hour	Auw
house	Haus
housekeeper	Hau skii p
how	Hau
how are you?	ha w Yoo?
human body	hyoo mn Bo dii
humiliate	hyoo Mi lii yeit
hundred	Hun drd
hungry	Hung grii
hurricane	Hu ri kein
hurry	Hu rii
hurt	Hert
husband	Hu zbnd
hyphen	Hai fn
I	Ai
ice	Ais
ice hockey	Ai so kii
idea	ai Diy
idealism	ai Diy li zm
ideology	ai dii Yo l jii
if	If
illness	Il ns
illustration	i l Strei shn
imagine	i Ma jn
immigration	i m Grei shn
important	im Por tnt
impossible	im Po s bl
improve	im Proov
improvement	im Proo vmnt
in	In
in fact	in Fakt
in general	in Jen rl
inbox	In boks

Clear Alphabet Dictionary

Normal Spelling & Clear Alphabet Spelling (with stressed vowel sound in red)

inch	Inch
include	in Klood
income	In km
independence	in d Pen dns
index	In deks
indicate	In d keit
indicator	In d kei t
infection	in Fe kshn
infinitive verb	in Fi n ti verb
inform	in Form
ingratitude	in Gra t chood
inheritance	in He r tns
inject	in Jekt
injection	in Je kshn
injury	In j rii
insect	In sekt
instrument	In str mnt
insult	in Sult
interest	In trest
interesting	In tr sting
internet	In t net
interrupt	in t Rupt
interviewer	In t vyoo w
into	In t
intonation	in t Nei shn
introduce	in tr Joos
introduction	in tr Du kshn
intrusion	in Troo zzn
inversion	in Ver zzn
invest in	in Ve stin
investment	in Ve smnt
invite	in Vait
iron	Aiyn
is	Iz
island	Ai lnd
ISP	ai ye Spee
it	It
its	I_s
jacket	Ja kit
January	Jan y rii
jazz	Jaz
jealous	Je ls
jeans	Jeenz
jeweller	Joo l
jingle	Jing gl
job	Job
job security	jo ps Kyuuw r tii
Jobcentre Plus	jo psen t Plus
jobseeker	Jo psee k
jogging	Jo ging
John O'Groats	jo n Greu_z
join	Joyn
joke	Jeuk
journalist	Jer n list
journey	Jer nii
judge	Juj
July	j Lai
jump	Jump
jumper	Jum p
June	Joon
jury	Juuw rii
just	Just
justify	Ju st fai
kangaroo	kang g Roo
keep	Keep
key skills	kee Skilz
keyboard	Kee bord
kidney	Ki dnii
kill	Kil
kind	Kaind
kind of	Kain dv
king	King
kiss	Kis
kitchen	Ki chn
knee	Nee
knew	Nyoo
knickers	Ni kz
knit	Nit
know	Neu
koala bear	k War l beir
Kylie Minogue	kai lii m Neug
labour	Lei b

Clear Alphabet Dictionary

Normal Spelling & Clear Alphabet Spelling (with stressed vowel sound in red)

Labour Party	Lei b par tii
lake	Leik
Lake District	Lei kdi strikt
lamb	Lam
land	Land
Land's End	lan Zend
landing	Lan ding
language	Lang gwij
large	Larj
last	Larst
late	Leit
laugh	Larf
lay	Lei
lazy	Lei zii
lead	Leed
lead to	Lee_ Too
learn	Lern
learner driver	ler n Drai v
learning	Ler ning
leave	Leev
lecturer	Le kch r
left	Left
leg	Leg
legislation	le j Slei shn
leisure centre	Le zz sen t
lemonade	le m Neid
lend	Lend
less	Les
lesson	Le sn
let	Let
letter	Le t
level	Le vl
library	Lai brii
licence plate	Lai sn spleit
lie	Lai
lie down	Lai Daun
life	Laif
life event	Lai f vent
life sentence	Lai fsen tns
lift	Lift
light	Lait
like	Laik
line	Lain
link	Lingk
linking	Ling king
lion	Laiyn
lip	Lip
list	List
listen to	Li sn Too
listener	Li sn
listening	Li sning
literature	Li tr_ ch
little	Li tl
live	Liv
liver	Li v
living room	Li ving room
lizard	Li zd
Llandudno	hhlan Du tneu
loan	Leun
local shop	leu kl Shop
Loch Ness	lo Knes
London	Lun dn
loneliness	Leun li ns
long	Long
long-haul flight	long horl Flait
look	Luuk
look at	Luu Kat
lose	Looz
lot	Lot
loud	Laud
love	Luv
low	Leu
lower case	leu w Keis
L-plate	El pleit
luggage	Lu gij
lunch	Lunch
lung	Lung
machine	m Sheen
made	Meid
maid	Meid
main	Mein
main verb	mein Verb

Clear Alphabet Dictionary

Normal Spelling & Clear Alphabet Spelling (with stressed vowel sound in red)

majority	m Jo r tii
make	Meik
make sense	mei Ksens
make sure	mei Kshuuw
make up	Mei Kup
mammal	Ma ml
man	Man
manager	Ma n j
Manchester	Man che st
many	Me nii
map	Map
March	March
mark	Mark
market	Mar kit
market place	Mar ki_ pleis
marriage	Ma rij
match	Mach
mate	Meit
maternity	m Ter n tii
matter	Ma t
may	Mei
May	Mei
mayor	Meir
me	Mee
meal	Miyl
mean	Meen
measure	Me zz
meat	Meet
mechanic	m Ka nik
media	Mee diy
medical student	Me d kl schoo dnt
medium	Mee diym
meet	Meet
mega contraction	Me g kn tra kshn
melting pot	Mel ting pot
men	Men
menopause	Me n porz
midwife	Mi dwaif
might	Mait
mile	Mail
milk	Milk
million	Mil yn
millionaire	mil y Neir
mind	Maind
mineral water	Min rl wor t
minerals	Min rlz
mining	Mai ning
minute	Mi nit
miss	Mis
mist	Mist
mistress	Mi strs
mobile	Meu bail
mock	Mok
modal form	Meu dl form
modal verbs	Meu dl verbz
model	Mo dl
monarchy	Mo n kii
Monday	Mun dei
money	Mu nii
monkey	Mung kii
moody	Moo dii
moon	Moon
morale	m Rarl
more	Mor
morning	Mor ning
mortgage	Mor gij
mortuary	Mor ch rii
mosque	Mosk
most	Meust
mother	Mu th
mother-in-law	Mu th rin lor
motor racing	Meu t rei sing
motorbike	Meu t baik
motorway	Meu t wei
mountain	Maun tn
mouse	Maus
mouth	Mautt
move	Moov
move up	Moo Vup
MP	em Pee
much	Much
mum	Mum

Clear Alphabet Dictionary

Normal Spelling & Clear Alphabet Spelling (with stressed vowel sound in red)

murder	Mer d
muscle	Mu sl
mushroom	Mu shroom
music	Myoo zik
musical	Myoo z kl
musician	myoo Zi shn
must	Must
my	Mai
myself	mai Self
nail	Neil
name	Neim
narrow	Na reu
nasty	Nar stii
national park	na shnl Park
natural disaster	na chrl d Zar st
nature	Nei ch
near	Niy
neck	Nek
necklace	Ne kls
need	Need
needle	Nee dl
negative	Ne g tiv
negative equity	ne g ti Ve kw tii
neglect	n Glekt
neither... nor	Nai th... Nor
nephew	Ne fyoo
nerves	Nervz
networking	Ne_ wer king
never	Ne v
new	Nyoo
newspaper	Nyoo spei p
next	Nekst
next to	Ne kst
NHS	e nei Ches
nice	Nais
niece	Nees
night	Nait
nightclub	Nai_ klub
nightdress	Nai_ dres
nine	Nain
nineteen	nain Teen
ninety	Nain tii
no	Neu
nobody	Neu b dii
none	Nun
non-fiction	non Fi kshn
Norfolk Broads	nor f Kbrordz
normal	Nor ml
north	Nortt
Northern Ireland	nor th Naiy lnd
Norwich	No rich
nose	Neuz
not	Not
not at all	no t Torl
note	Neut
nothing	Nu tting
notice	Neu tis
nought	Nort
noun	Naun
novel	No vl
November	neu Vem b
now	Nau
number	Num b
numeral	Nyoo m rl
nurse	Ners
nursery nurse	Ner sri ners
nut	Nut
obesity	eu Bee s tii
object	O pjekt
objective	o Pje ktiv
oboe	Eu beu
ocean	Eu shn
October	o Kteu b
octopus	O kt puus
of	Ov
of course	uh Fkors
off	Of
offer	O f
office	O fis
often	O fn
oh	Eu
oh no!	eu Neu!

Clear Alphabet Dictionary

Normal Spelling & Clear Alphabet Spelling (with stressed vowel sound in red)

OK	eu Kei
old	Euld
old age	eul Deij
Olympics	uh Lim pikz
on	On
once	Wuns
once again	wun s Gen
one	Wun
onion	Un yn
only	Eun lii
oops	Uups
open	Eu pn
opening times	Eu p ning taimz
operation	o p Rei shn
opposition	o p Zi shn
optician	o Pti shn
or	Or
orange	O rinj
orchestra	Or k str
order	Or d
organ	Or gn
organise	Or g naiz
Orkney	Or knii
other	U th
ought to	Or_ t
our	Auw
out	Aut
Outback	Au_ bak
outpatient	Au_ pei shnt
over	Eu v
overdraft	Eu v drarft
owe	Eu
own	Eun
Oxford	O ksfd
Pacific Ocean	p si fi Keu shn
pacifism	Pa s fizm
pack	Pak
page	Peij
page number	Pei jnum b
pain	Pein
painful	Pein fl
panda	Pan d
panic	Pa nik
pants	Pantz
paparazzi	pa p Rar tsii
paper	Pei p
paperback	Pei p bak
paragraph	Pa r grarf
pardon	Par dn
parent	Peir rnt
park	Park
parking ticket	Par king ti kit
Parliament	Par l mnt
part	Part
partner	Par_ n
pass	Pars
passenger	Pa sn j
passport	Par sport
passport control	Par spor_ kn treul
password	Par swerd
past continuous	par skn Tin y ws
past perfect	par Sper fkt
past simple	par Sim pl
pasta	Pa st
patient	Pei shnt
pattern	Pa tn
pause	Porz
pavement	Pei vmnt
pay	Pei
pay for	Pei f
payment	Pei mnt
peace	Pees
pedal	Pe dl
peer pressure	Piy pre sh
pen drive	Pen draiv
pence	Pens
people	Pee pl
performer	p For m
perhaps	p Hapz
perseverance	per s Viy rns
person	Per sn
persuade	p Sweid

Clear Alphabet Dictionary

Normal Spelling & Clear Alphabet Spelling (with stressed vowel sound in red)

petrol pump	Pe trl pump
pharmacist	Far m sist
pharmacy	Far m see
phone	Feun
phoneme	Feu neem
phonetics	f Ne tikz
phonics	Fo nikz
phrase	Freiz
piano	pi Ya neu
pick	Pik
pick up	Pi Kup
picnic	Pi knik
picture	Pi kch
pie	Pai
piece	Pees
pig	Pig
pilot	Pai lt
pink	Pingk
pint	Paint
pizza	Pee_ ts
place	Pleis
plain	Plein
plan	Plan
plane	Plein
plant	Plarnt
plaster	Plar st
play	Plei
player	Plei y
playground	Plei graund
playlist	Plei list
please	Pleez
plot	Plot
plumber	Plu m
plural form	Pluuw rl form
podcast	Po tkarst
poetry	Peu w trii
point	Poynt
police officer	p Lee so f s
police station	p Lee stei shn
policy	Po l sii
politician	po l Ti shn
politics	Po l tikz
pom	Pom
poor	Por
pop	Pop
pop star	Po pstar
popcorn	Po pkorn
port	Port
porter	Por t
pose	Peuz
positive	Po z tiv
possible	Po s bl
post	Peust
post office	Peu sto fis
potato	p Tei teu
pound	Paund
poverty	Po v tii
power	Pauw
practise	Pra ktis
praise	Preiz
predict	pr Dikt
prediction	pr Di kshn
prefer	pr Fer
pregnancy	Pre gnn sii
preparation	pre p Rei shn
prepare	pr Peir
preposition	pre p Zi shn
prescription	pr Skri pshn
present perfect	pre zn_ Per fkt
present simple	pre zn_ Sim pl
presentation	pre zn Tei shn
presenter	pr Zen t
president	Pre z dnt
press	Pres
pretty	Pri tii
price	Prais
prime minister	prai Mi n st
print	Print
priority boarding	prai yo r tii Bor ding
prison	Pri zn
prison sentence	Pri zn sen tns
problem	Pro blm

Clear Alphabet Dictionary

Normal Spelling & Clear Alphabet Spelling (with stressed vowel sound in red)

produce	pr Joos
product	Pro dukt
profile	Preu fail
programme	Preu gram
prohibit	pr Hi bit
projectionist	pr Je ksh nist
promise	Pro mis
promote	pr Meut
promotion	pr Meu shn
pronoun	Preu naun
pronunciation	pr nun sii Yei shn
protest	pr Test
prove	Proov
psychiatrist	sai Kaiy trist
public	Pu blik
public toilet	pu bli Ktoy lt
puck	Puk
pull	Puul
punishment	Pu ni shmnt
purple	Per pl
purse	Pers
push	Puush
put	Puut
put down	Puu_ Daun
put on	Puu Ton
pyjamas	p Jar mz
qualification	kwo li fi Kei shn
quarter	Kwor t
Queensland	Kween zlnd
question	Kwe schn
question mark	Kwe schn mark
queue	Kyoo
quick	Kwik
quid	Kwid
quiet	Kwaiyt
quotation	kweu Tei shn
R & B	ar rn Bee
rabbit	Ra bit
racquet	Ra kit
radiator	Rei dii yei t
radio	Rei dii yeu
rain	Rein
rainbow	Rein beu
raincoat	Rein keut
rainforest	Rein fo rist
raise	Reiz
raise money	rei Zmu nii
ran	Ran
rash	Rash
ratings	Rei tingz
reach	Reech
read	Reed
reader	Ree d
reading	Ree ding
ready	Re dii
real	Riyl
reality TV	rii Ya l tii tee vee
rear view mirror	riy vyoo Mi r
reassure	riy Shuuw
receipt	r Seet
receive	r Seev
receptionist	r Se psh nist
recharge	rii Charj
reckon	Re kn
recline	r Klain
reconciliation	re kn si lii Yei shn
record	Re kord
recycle	rii Sai kl
red	Red
redundancy	r Dun dn sii
referee	re f Ree
refund	Ree fund
refuse	r Fyooz
refute	r Fyoot
regret	r Gret
reject	r Jekt
rejection letter	r Je kshn le t
relaxation	rii la Ksei shn
remember	r Mem b
remote control	r meu_ kn Treul
remove	r Moov
renege	r Neig

Clear Alphabet Dictionary

Normal Spelling & Clear Alphabet Spelling (with stressed vowel sound in red)

renew	r Nyoo
rent	Rent
rental	Ren tl
reply	r Plai
representative	re pr Zen t tiv
research	r Serch
reservation	re z Vei shn
reservoir	Re z vwaiy
rest	Rest
restaurant	Re stront
retirement home	r Taiy mn_ heum
return	r Tern
review	r Vyoo
rice	Rais
rich	Rich
ride	Raid
right	Rait
ring	Ring
risk	Risk
rival	Rai vl
river	Ri v
r-linking	Ar ling king
road	Reud
road rage	Reu dreij
road sign	Reu tsain
rock	Rok
roll	Reul
romance	Reu mans
room	Room
room service	Room ser vis
rough	Ruf
round	Raund
roundabout	Raun d baut
rubbish	Ru bish
rugby	Ru gbii
rule	Rool
run	Run
runway	Run wei
sad	Sad
safari park	s Far rii park
said	Sed
sailing	Sei ling
salary	Sa l rii
sale	Seil
sales assistant	Seil z si stnt
same	Seim
sand	Sand
satire	Sa taiy
Saturday	Sa t dei
sauna	Sor n
sausage	So sij
save	Seiv
save up	Sei Vup
savings	Sei vingz
saw	Sor
saxophone	Sa ks feun
say	Sei
scales	Skeilz
scarf	Skarf
scary	Skeir rii
school	Skool
Schwa sound	Shwar saund
science	Saiyns
science fiction	saiyn Sfi kshn
score	Skor
Scotland	Sko_ lnd
screenplay	Skreen plei
sea	See
search	Serch
search engine	Ser chen jn
season	See zn
seasonal work	See z nl werk
seat	Seet
seatbelt	See_ belt
second	Se knd
security	s Kyuuw r tii
security guard	s Kyuuw r tii gard
see	See
see you	See y
seem	Seem
self	Self
self-esteem	sel f Steem

Clear Alphabet Dictionary

Normal Spelling & Clear Alphabet Spelling (with stressed vowel sound in red)

sell	Sel
semi-colon	se mii Keu lon
send	Send
sentence	Sen tns
sentence stress	Sen tn stres
separation	se p Rei shn
September	se Ptem b
sequel	See kwl
serious	Siy riys
serve	Serv
service station	Ser vi stei shn
set	Set
seven	Se vn
seventeen	se vn Teen
seventy	Se vn tii
several	Se vrl
shake	Sheik
shall	Shal
Shane Warne	shein Worn
shape	Sheip
shark	Shark
she	Shee
sheep	Sheep
shelf	Shelf
Sherwood Forest	sher w Tfo rist
shine	Shain
ship	Ship
shirt	Shert
shoe	Shoo
shop	Shop
shoplift	Sho plift
shoplifting	Sho pli fting
shopping	Sho ping
shopping centre	Sho ping sen t
short	Short
shorts	Shor_z
should	Shuud
shoulder	Sheul d
shout	Shaut
show	Sheu
shower	Shau w
shut	Shut
sibling rivalry	si bling Rai vl rii
sick	Sik
side	Said
side mirror	Sai dmi r
sideboard	Sai dbord
sidekick	Sai tkik
sign	Sain
silent letter	sai ln_ Le t
simple	Sim pl
since	Sins
sing	Sing
singer	Sing uh
single parent	sing gl Peir rnt
singular form	Sing gy l form
sink	Singk
sister	Si st
sister-in-law	Si st rin lor
sit	Sit
sit down	Si_ Daun
six	Siks
sixteen	si Ksteen
sixty	Si kstii
size	Saiz
Skegness	ske Gnes
skeleton	Ske l tn
skiing	Skee ying
skin	Skin
skirt	Skert
sky	Skai
sledge	Slej
sleep	Sleep
sleeping bag	Slee ping bag
sleet	Sleet
slim	Slim
slip	Slip
slipper	Sli p
slow	Sleu
small	Smorl
smell	Smel
smile	Smail

Clear Alphabet Dictionary

Normal Spelling & Clear Alphabet Spelling (with stressed vowel sound in red)

smoke	Smeuk
smooth	Smooth
snail	Sneil
snooker	Snoo k
snow	Sneu
Snowdonia	sneu Deu niy
snowman	Sneu man
so	Seu
so far	seu Far
so to speak	seu t Speek
soap opera	Seu po pr
social network	seu shl Ne_ werk
sock	Sok
sofa	Seu f
soft	Soft
soldier	Seul j
solicitor	s Li s t
some	Sum
something	Sum tting
son	Sun
song	Song
soon	Soon
sort	Sort
sort of	Sor tv
sound	Saund
sound spine	Saun spain
soundtrack	Saun trak
soup	Soop
sous chef	Soo shef
south	Sautt
spa	Spar
spam	Spam
speak	Speek
speak out	Spee Kaut
speaking	Spee king
special	Spe shl
special effects	spe sh l Feks
speech mark	Spee chmark
spell	Spel
spelling	Spe ling
spend	Spend
spider	Spai d
spin	Spin
spine	Spain
sport	Sport
sports car	Spor_ skar
spring	Spring
squash	Skwosh
stadium	Stei diym
stag night	Sta gnait
stairs	Steirz
stand	Stand
stand out	Stan Daut
stand up	Stan Dup
star	Star
starfish	Star fish
start	Start
state	Steit
state pension	stei_ Pen shn
station	Stei shn
stay	Stei
steal	Stiyl
steering wheel	Stiy ring wiyl
step	Step
stereo	Ste rii yeu
stethoscope	Ste tt skeup
STI	e stii Yai
stick to	Sti Ktoo
still	Stil
stitches	Sti chz
stock market	Sto kmar kit
stomach	Stu mk
stomach ache	Stu m keik
Stonehenge	steun Henj
stood	Stuud
stop	Stop
storm	Storm
story	Stor rii
strange	Streinj
strategy	Stra t jii
strawberry	Stror b rii
stream	Streem

Clear Alphabet Dictionary

Normal Spelling & Clear Alphabet Spelling (with stressed vowel sound in red)

streaming video	stree ming Vi dii yeu
street	Street
stress	Stres
stress mark	Stre smark
stress pattern	Stre spa tn
stressed syllable	stre Si l bl
stretcher	Stre ch
strike	Straik
string	String
strong	Strong
strong form	Strong form
strong stress	strong Stres
student	Schoo dnt
student loan	schoo dn_ Leun
study	Stu dii
stupid	Schoo pid
subject	Su pjekt
subtitles	Su ptai tlz
succeed	su Kseed
success	su Kses
such	Such
suffix	Su fiks
suggest	s Jest
suicide	Soo w said
suit	Soot
summer	Su m
sun	Sun
sunbathing	Sun bei thing
sunblock	Sun blok
Sunday	Sun dei
Sunday driver	sun dei Drai v
sunglasses	Sun glar sz
sunset	Sun set
suntan	Sun tan
super	Soo p
supermarket	Soo p mar kit
support	s Port
supporter	s Por t
sure	Shuuw
surface	Ser fs
surgeon	Ser jn
surgery	Ser j rii
surround sound	s raun Tsaund
suspect	Su spekt
swim	Swim
swimming	Swi ming
swimming pool	Swi ming pool
swipe card	Swai pkard
switch off	Swi Chof
switch on	Swi Chon
Sydney	Si dnii
syllable	Si l bl
syringe	s Rinj
ta	Tar
table	Tei bl
table tennis	Tei bl te nis
tablets	Ta bltz
tabloid	Ta bloid
tail	Teil
take	Teik
take away	Tei k Wei
take off	Tei Kof
take out	Tei Kaut
talk	Tork
taste	Teist
tax	Taks
tax office	Ta kso fis
taxi	Ta ksii
teach	Teech
teacher	Tee ch
team	Teem
tear	Teir
teenager	Tee nei j
television	te l Vi zzn
tell	Tel
temperature	Tem pr ch
ten	Ten
tennis	Te nis
tennis court	Te ni skort
tense	Tens
tent	Tent
terminal	Ter m nl

Clear Alphabet Dictionary

Normal Spelling & Clear Alphabet Spelling (with stressed vowel sound in red)

terminal illness	ter m n Lil ns
terrorism	Te r rizm
test	Test
text	Tekst
than	Than
thank	Ttangk
that	That
the	Th / Thii
theatre	Ttiy t
theft	Tteft
their	Their
them	Them
then	Then
there	Their
thermometer	tt Mo m t
these	Theez
they	Thei
thief	Tteef
thing	Tting
think	Ttingk
third conditional	tter tkn Di shnl
thirteen	tter Teen
thirty	Tter tii
this	This
those	Theuz
though	Theu
thought	Ttort
thousand	Ttau znd
threaten	Ttre tn
three	Ttree
thriller	Ttri l
throat	Ttreut
through	Ttroo
throw	Ttreu
Thursday	Tter zdei
ticket	Ti kit
tie	Tai
tiger	Tai g
tights	Taitz
till	Til
time	Taim
tired	Taiyd
title	Tai tl
to	Too
today	t Dei
toe	Teu
together	t Ge th
toilet	Toy lt
told	Teuld
tomato	t Mar teu
tongue	Tung
too	Too
took	Tuuk
tooth	Toott
toothbrush	Too ttbrush
toothpaste	Too ttpeist
top	Top
tortoise	Tor ts
touch	Tuch
touchscreen	Tu chskreen
tourist	Tor rist
toward	t Word
town	Taun
town hall	taun Horl
tracksuit	Tra ksoot
tractor	Tra kt
traffic lights	Tra fi klai_z
train	Trein
train driver	Trein drai v
trainer	Trei n
training course	Trei ning Kors
transfer	Tran sfer
translate	tran Zleit
translation	tran Zlei shn
transport	Tran sport
transportation	tran sp Tei shn
travel agent	Tra v lei jnt
treble	Tre bl
tree	Tree
trial	Trail
trolley	Tro lii
trousers	Trau zs

Clear Alphabet Dictionary

Normal Spelling & Clear Alphabet Spelling (with stressed vowel sound in red)

truancy	Troo wn sii
true	Troo
trumpet	Trum pt
trust	Trust
try	Trai
try on	Trai Yon
t-shirt	Tee shirt
tsunami	tsoo Nar mii
Tuesday	Choo zdei
turbulence	Ter by lns
turn	Tern
turn off	Ter Nof
turn on	Ter Non
TV licence	tee Vee lai sns
twelve	Twelv
twenty	Twen tii
twist	Twist
Twitter	Twi t
two	Too
type	Taip
tyre	Taiy
ugly	U glii
uh oh	Uh eu
UK	yoo Kei
Uluru	oo Loo roo
umbrella	um Bre l
uncle	Ung kl
under	Un d
understand	un d Stand
underwear	Un d weir
uniform	Yoo n form
unit	Yoo nit
United Kingdom	yoo nai t Tking dm
United Nations	yoo nai t Tnei shnz
university	yoo n Ver s tii
unkind	un Kaind
unless	un Les
until	un Til
up	Up
update	u Pdeit
upgrade	U pgreid
upon	uh Pon
upper case	u p Keis
URL	yoo war Rel
us	Us
use	Yooz
username	Yoo z neim
usual	Yoo zzwl
vacancy	Vei kn sii
valley	Va lii
van	Van
vegetable	Ve cht bl
vegetarian	ve j Teir riyn
vein	Vein
verb	Verb
verse	Vers
very	Ve rii
vest	Vest
victim	Vi ktim
video camera	Vi dii yeu kam r
viewer	Vyoo w
village	Vi lij
violence	Vaiy lns
violin	vaiy Lin
virus	Vaiy rs
visa	Vee z
visit	Vi zit
visiting hours	Vi z ting auwz
vocabulary	veu Ka by l rii
voice	Voys
volleyball	Vo lii borl
voluntary work	Vo ln trii werk
vote	Veut
voter	Veu t
vowel	Vauwl
vowel cluster	Vauwl klu st
vowel sound	Vauwl saund
wait	Weit
waiter	Wei t
waiting list	Wei ting list
waiting room	Wei ting room
wake up	Wei Kup

Clear Alphabet Dictionary

Normal Spelling & Clear Alphabet Spelling (with stressed vowel sound in red)

wake up call	Wei ku pkorl
Wales	Weilz
walk	Work
walkabout	Wor k baut
wall	Worl
wallet	Wo lt
want	Wont
war	Wor
ward	Word
wardrobe	Wor dreub
warm	Worm
warn	Worn
was	Woz
wash	Wosh
waste	Weist
watch	Woch
watching TV	wo ching tee Vee
water	Wor t
wave	Weiv
way	Wei
way in	wei Yin
way out	wei Yaut
we	Wee
weak	Week
weak form	Wee kform
wear	Weir
weather	We th
weather forecast	We th for karst
web page	We_ peij
web server	We_ pser v
webcam	We_ pkam
website	We_ psait
wedding	We ding
Wednesday	Wen zdei
week	Week
weekend	wee Kend
weigh	Wei
weight	Weit
welcome	Wel km
well	Wel
went	Went
were	Wer
west	West
wet	Wet
whale	Weil
what	Wot
whatever	wo Te v
wheel	Wiyl
wheelchair	Wiyl cheir
when	Wen
whenever	we Ne v
where	Weir
wherever	weir Re v
whether	We th
which	Wich
whichever	wi Che v
while	Wail
white	Wait
who	Hoo
whole	Heul
whose	Hooz
why	Wai
wide	Waid
widescreen	Wai tskreen
widow	Wi deu
wife	Waif
Wi-Fi	Wai fai
Wi-Fi device	Wai fai d vais
will	Wil
Wimbledon	Wim bl dn
win	Win
wind	Wind
wind farm	Win tfarm
windscreen	Win tskreen
wine	Wain
winner	Wi n
winter	Win t
winter tyres	win t Taiyz
wish	Wish
wish well	wi Shwel
with	With
withdrawal	wi Thdrorl

Clear Alphabet Dictionary

Normal Spelling & Clear Alphabet Spelling (with stressed vowel sound in red)

without	wi Thaut
witness	Wi_ ns
woman	Wuu mn
wonder	Wun d
wood	Wuud
word	Werd
word stress	Wer tstres
work	Werk
work experience	wer k Kspiy riyns
work on	Wer Kon
world	Werld
world wide web	werl dwai Dweb
worm	Werm
worried	Wu rid
worry	Wu rii
worse	Wers
would	Wuud
wow	Wau
wrist	Rist
write	Rait
write down	Rai_ Daun
writing	Rai ting
wrong	Rong
x-ray	E ksrei
year	Yiy
yellow	Ye leu
yes	Yes
yet	Yet
York	York
you	Yoo
young	Yung
your	Yor
yours	Yorz
YouTube	Yoo choob
zebra	Ze br
zebra crossing	ze br Kro sing
zero	Ziy reu
zero conditional	ziy reu kn Di shnl
zip	Zip

Clear Alphabet Dictionary

400 Elementary Words

Translate from Clear Alphabet to Normal Spelling

uh	________
uh Baut	________
uh Buv	________
A kshn	________
A kt	________
Ad	________
uh Ford	________
Ar ft	________
uh Gen	________
Eij	________
uh Geu	________
uh Gree	________
Eir	________
Eir port	________
Orl	________
Orl seu	________
Am	________
Am by lns	________
uh Mung	________
An	________
And	________
A n ml	________
Ang kl	________
Arn s	________
E nii	________
E nii wun	________
uh Par_ mnt	________
A pl	________
Ei prl	________
Ar	________
Arm	________
uh Raund	________
Ar tist	________
Az	________
Arsk	________
At	________
Eit	________
Bei bii	________
Bak	________
Bad	________
Bag	________
Bei k rii	________
Borl	________
b Nar n	________
Bangk	________
Bar throom	________
Bee	________
Beech	________
Beir	________
Byoo t fl	________
Be droom	________
Beef	________
Been	________
b For	________
b Gin	________
Belt	________
Best	________
Be t	________
Big	________
Baik	________
Berd	________
Ber ttdei	________
Blak	________
Blud	________
Blauz	________
Bloo	________
Beut	________
Bo dii	________
Buuk	________
Bor ring	________

*Spelling and sounds are **different** in English. You have to learn **both parts** of each word!*

a	bat	b	bag	eir	pear	hh	loch	l	lake	or	ball	t	taxi	uuw	pure
ai	time	ch	cheese	er	shirt	i	dish	m	music	oy	toy	th	brother	v	van
aiy	hire	d	dice	eu	home	ii	happy	n	nurse	p	pig	tt	thousand	w	week
ar	star	e	leg	f	frog	iy	here	ng	ring	r	road	u	cup	y	yoghurt
au	cow	ee	three	g	glass	j	jam	o	sock	s	snow	uh	arrive	z	zip
auw	power	ei	plane	h	head	k	kit	oo	shoot	sh	shop	uu	pull	zz	revision

Clear Alphabet Dictionary

400 Elementary Words

Translate from Clear Alphabet to Normal Spelling

Beutt ____________________
Boks ____________________
Boy ____________________
Boy frend ____________________
Breik ____________________
Bred ____________________
Breik ____________________
Brij ____________________
Bril ynt ____________________
Bring ____________________
Bri tish ____________________
Bru th ____________________
Bild ____________________
Bil ding ____________________
Bus ____________________
Bu stop ____________________
Bu t ____________________
Bai ____________________
Korl ____________________
Kam ping ____________________
Kan sl ____________________
Kar ____________________
Kar pit ____________________
Ka rt ____________________
Kash ____________________
Ka shpoynt ____________________
Kach ____________________
Cheinj ____________________
Cheez ____________________
Chaild ____________________
Cherch ____________________
Si n m ____________________
Klars ____________________
Kleen ____________________
Klaim ____________________
Keut ____________________
Kum ft bl ____________________
km Pleet ____________________
km Pyoo t ____________________
Kuuk ____________________
Kri m nl ____________________
Sai kling ____________________
Dor t ____________________
Dei ____________________
Den tist ____________________
Di frnt ____________________
Do kt ____________________
Draiv ____________________
Ee zii ____________________
Eet ____________________
ei Teen ____________________
E l fnt ____________________
Ee meil ____________________
Ing glish ____________________
E vrii ____________________
Feis ____________________
Far m ____________________
Fei vrt ____________________
Flait ____________________
Flauw ____________________
Food ____________________
Fuu_ borl ____________________
Frij ____________________
Frend ____________________
Froo_ joos ____________________
Fu nii ____________________
Geim ____________________
Ga rij ____________________
Gar dn ____________________
Glar sz ____________________

*Spelling and sounds are **different** in English. You have to learn **both parts** of each word!*

a	bat	b	bag	eir	pear	hh	loch	l	lake	or	ball	t	taxi	uuw	pure
ai	time	ch	cheese	er	shirt	i	dish	m	music	oy	toy	th	brother	v	van
aiy	hire	d	dice	eu	home	ii	happy	n	nurse	p	pig	tt	thousand	w	week
ar	star	e	leg	f	frog	iy	here	ng	ring	r	road	u	cup	y	yoghurt
au	cow	ee	three	g	glass	j	jam	o	sock	s	snow	uh	arrive	z	zip
auw	power	ei	plane	h	head	k	kit	oo	shoot	sh	shop	uu	pull	zz	revision

Clear Alphabet Dictionary

400 Elementary Words

Translate from Clear Alphabet to Normal Spelling

Geu Waut ____________________
Geuz ____________________
Geu wing t ____________________
Geul tfish ____________________
Golf ____________________
Guud ____________________
g Ri l ____________________
Got ____________________
Gran mar ____________________
Grars ____________________
Greu ____________________
Ges ____________________
g Tar ____________________
Had ____________________
Heir ____________________
Harf ____________________
Han sm ____________________
Haz ____________________
Hed ____________________
He vii ____________________
Hi st rii ____________________
Ho bii ____________________
Ho l dei ____________________
Heum werk ____________________
heu Tel ____________________
Hun drd ____________________
ai Diy ____________________
im Por tnt ____________________
In str mnt ____________________
In tr sting ____________________
In t net ____________________
in tr Du kshn ____________________
Iz ____________________
It ____________________
Jeenz ____________________

Joon ____________________
Kee bord ____________________
Kis ____________________
Leik ____________________
Lam ____________________
Lang gwij ____________________
Lern ____________________
le m Neid ____________________
Lai brii ____________________
Li tl ____________________
Lun dn ____________________
Laud ____________________
Luv ____________________
Meid ____________________
Meik ____________________
Me nii ____________________
Mar kit ____________________
Mee ____________________
Meet ____________________
Men ____________________
Mait ____________________
Milk ____________________
Mil yn ____________________
Mi nit ____________________
Meu bail ____________________
Mu nii ____________________
Mung kii ____________________
Mor ning ____________________
Meust ____________________
Mu th ____________________
Meu t baik ____________________
Meu t wei ____________________
Maun tn ____________________
Mautt ____________________
Myoo zik ____________________

*Spelling and sounds are **different** in English. You have to learn **both parts** of each word!*

a	bat	b	bag	eir	pear	hh	loch	l	lake	or	ball	t	taxi	uuw	pure
ai	time	ch	cheese	er	shirt	i	dish	m	music	oy	toy	th	brother	v	van
aiy	hire	d	dice	eu	home	ii	happy	n	nurse	p	pig	tt	thousand	w	week
ar	star	e	leg	f	frog	iy	here	ng	ring	r	road	u	cup	y	yoghurt
au	cow	ee	three	g	glass	j	jam	o	sock	s	snow	uh	arrive	z	zip
auw	power	ei	plane	h	head	k	kit	oo	shoot	sh	shop	uu	pull	zz	revision

Clear Alphabet Dictionary

400 Elementary Words

Translate from Clear Alphabet to Normal Spelling

Must ____________________
Mai ____________________
Neim ____________________
Nei ch ____________________
Niy ____________________
Ne v ____________________
Nyoo ____________________
Nekst ____________________
Nais ____________________
Nait ____________________
nain Teen ____________________
Neu b dii ____________________
Neuz ____________________
Not ____________________
Nu tting ____________________
No vl ____________________
neu Vem b ____________________
Num b ____________________
Ners ____________________
Ov ____________________
Of ____________________
O fn ____________________
eu Kei ____________________
On ____________________
Wun ____________________
Eu pn ____________________
Or ____________________
O rinj ____________________
U th ____________________
Auw ____________________
Aut ____________________
Eu v ____________________
Pein ____________________
Pei p ____________________
Peir rnt ____________________
Par_ n ____________________
Par sport ____________________
Pa st ____________________
Pees ____________________
Pee pl ____________________
Per sn ____________________
Feun ____________________
pi Ya neu ____________________
Pees ____________________
Pingk ____________________
Pee_ ts ____________________
Plan ____________________
Plein ____________________
Pleez ____________________
Plu m ____________________
Peu sto fis ____________________
p Tei teu ____________________
Paund ____________________
Pauw ____________________
Pri tii ____________________
Pro blm ____________________
Per pl ____________________
Puu Ton ____________________
Kyoo ____________________
Kwik ____________________
Kwaiyt ____________________
Rei dii yeu ____________________
Rein ____________________
Ran ____________________
Reed ____________________
Riyl ____________________
Rais ____________________
Rich ____________________
Rait ____________________
Ri v ____________________

*Spelling and sounds are **different** in English. You have to learn **both parts** of each word!*

a	bat	b	bag	eir	pear	hh	loch	l	lake	or	ball	t	taxi	uuw	pure
ai	time	ch	cheese	er	shirt	i	dish	m	music	oy	toy	th	brother	v	van
aiy	hire	d	dice	eu	home	ii	happy	n	nurse	p	pig	tt	thousand	w	week
ar	star	e	leg	f	frog	iy	here	ng	ring	r	road	u	cup	y	yoghurt
au	cow	ee	three	g	glass	j	jam	o	sock	s	snow	uh	arrive	z	zip
auw	power	ei	plane	h	head	k	kit	oo	shoot	sh	shop	uu	pull	zz	revision

Clear Alphabet Dictionary

400 Elementary Words

Translate from Clear Alphabet to Normal Spelling

Raund ____________________
Ru bish ____________________
Sad ____________________
Sed ____________________
Seim ____________________
So sij ____________________
Seiv ____________________
Sei ____________________
Skool ____________________
See ____________________
See ____________________
Se vn ____________________
se vn Teen ____________________
Shee ____________________
Sheep ____________________
Ship ____________________
Shop ____________________
Sheul d ____________________
Sik ____________________
Sain ____________________
Sim pl ____________________
Sing uh ____________________
Si st ____________________
Si_ Daun ____________________
Skert ____________________
Slej ____________________
Sleep ____________________
Smorl ____________________
Smail ____________________
Seu ____________________
Sok ____________________
Seu f ____________________
Sum ____________________
Soon ____________________
Soop ____________________

Speek ____________________
Sport ____________________
Stan Dup ____________________
Start ____________________
Stil ____________________
Strong ____________________
Schoo dnt ____________________
Schoo pid ____________________
Su m ____________________
Sun dei ____________________
Soo p ____________________
Swi ming ____________________
Tei bl ____________________
Teik ____________________
Tork ____________________
Tee ch ____________________
Teem ____________________
te l Vi zzn ____________________
Te nis ____________________
Ttangk ____________________
Ttiy t ____________________
Then ____________________
Their ____________________
Tting ____________________
Ttau znd ____________________
Tter zdei ____________________
t Ge th ____________________
Too ____________________
Too ttbrush ____________________
Taun ____________________
Tra kt ____________________
Trein ____________________
Tran sport ____________________
Tree ____________________
Troo ____________________

*Spelling and sounds are **different** in English. You have to learn **both parts** of each word!*

a	bat	b	bag	eir	pear	hh	loch	l	lake	or	ball	t	taxi	uuw	pure
ai	time	ch	cheese	er	shirt	i	dish	m	music	oy	toy	th	brother	v	van
aiy	hire	d	dice	eu	home	ii	happy	n	nurse	p	pig	tt	thousand	w	week
ar	star	e	leg	f	frog	iy	here	ng	ring	r	road	u	cup	y	yoghurt
au	cow	ee	three	g	glass	j	jam	o	sock	s	snow	uh	arrive	z	zip
auw	power	ei	plane	h	head	k	kit	oo	shoot	sh	shop	uu	pull	zz	revision

Clear Alphabet Dictionary

400 Elementary Words

Translate from Clear Alphabet to Normal Spelling

Choo zdei ____________________
Twelv ____________________
Too ____________________
um Bre l ____________________
Ung kl ____________________
un d Stand ____________________
Yoo n form ____________________
Yooz ____________________
Van ____________________
Ve rii ____________________
Vi zit ____________________
Work ____________________
Worl ____________________
Wor dreub ____________________
Worm ____________________
Wosh ____________________
Woch ____________________
Wei ____________________
wei Yin ____________________
We th ____________________
We ding ____________________
Wen zdei ____________________
Week ____________________
Wel km ____________________
Went ____________________
Wot ____________________
Wiyl ____________________
Wen ____________________
Weir ____________________
Wich ____________________
Wai ____________________
Waif ____________________
Wain ____________________
Win t ____________________
With ____________________
Wuud ____________________
Werld ____________________
Wuud ____________________
Rait ____________________
Rong ____________________
Yiy ____________________
Ye leu ____________________
Yes ____________________
Yet ____________________
Yoo ____________________
Yung ____________________
Yor ____________________
Ze br ____________________
Ziy reu ____________________
Zip ____________________

*Spelling and sounds are **different** in English. You have to learn **both parts** of each word!*

a	bat	b	bag	eir	pear	hh	loch	l	lake	or	ball	t	taxi	uuw	pure
ai	time	ch	cheese	er	shirt	i	dish	m	music	oy	toy	th	brother	v	van
aiy	hire	d	dice	eu	home	ii	happy	n	nurse	p	pig	tt	thousand	w	week
ar	star	e	leg	f	frog	iy	here	ng	ring	r	road	u	cup	y	yoghurt
au	cow	ee	three	g	glass	j	jam	o	sock	s	snow	uh	arrive	z	zip
auw	power	ei	plane	h	head	k	kit	oo	shoot	sh	shop	uu	pull	zz	revision

Clear Alphabet Dictionary

400 Elementary Words

Translate from Normal Spelling to Clear Alphabet

Word	Clear Alphabet
a	________________
about	________________
above	________________
action	________________
actor	________________
add	________________
afford	________________
after	________________
again	________________
age	________________
ago	________________
agree	________________
air	________________
airport	________________
all	________________
also	________________
am	________________
ambulance	________________
among	________________
an	________________
and	________________
animal	________________
ankle	________________
answer	________________
any	________________
anyone	________________
apartment	________________
apple	________________
April	________________
are	________________
arm	________________
around	________________
artist	________________
as	________________
ask	________________
at	________________
ate	________________
baby	________________
back	________________
bad	________________
bag	________________
bakery	________________
ball	________________
banana	________________
bank	________________
bathroom	________________
be	________________
beach	________________
bear	________________
beautiful	________________
bedroom	________________
beef	________________
been	________________
before	________________
begin	________________
belt	________________
best	________________
better	________________
big	________________
bike	________________
bird	________________
birthday	________________
black	________________
blood	________________
blouse	________________
blue	________________
boat	________________
body	________________
book	________________
boring	________________

*Spelling and sounds are **different** in English. You have to learn **both parts** of each word!*

a	bat	b	bag	eir	pear	hh	loch	l	lake	or	ball	t	taxi	uuw	pure
ai	time	ch	cheese	er	shirt	i	dish	m	music	oy	toy	th	brother	v	van
aiy	hire	d	dice	eu	home	ii	happy	n	nurse	p	pig	tt	thousand	w	week
ar	star	e	leg	f	frog	iy	here	ng	ring	r	road	u	cup	y	yoghurt
au	cow	ee	three	g	glass	j	jam	o	sock	s	snow	uh	arrive	z	zip
auw	power	ei	plane	h	head	k	kit	oo	shoot	sh	shop	uu	pull	zz	revision

Clear Alphabet Dictionary

400 Elementary Words

Translate from Normal Spelling to Clear Alphabet

both ____________________
box ____________________
boy ____________________
boyfriend ____________________
brake ____________________
bread ____________________
break ____________________
bridge ____________________
brilliant ____________________
bring ____________________
British ____________________
brother ____________________
build ____________________
building ____________________
bus ____________________
bus stop ____________________
butter ____________________
by ____________________
call ____________________
camping ____________________
cancel ____________________
car ____________________
carpet ____________________
carrot ____________________
cash ____________________
cashpoint ____________________
catch ____________________
change ____________________
cheese ____________________
child ____________________
church ____________________
cinema ____________________
class ____________________
clean ____________________
climb ____________________

coat ____________________
comfortable ____________________
complete ____________________
computer ____________________
cook ____________________
criminal ____________________
cycling ____________________
daughter ____________________
day ____________________
dentist ____________________
different ____________________
doctor ____________________
drive ____________________
easy ____________________
eat ____________________
eighteen ____________________
elephant ____________________
email ____________________
English ____________________
every ____________________
face ____________________
farmer ____________________
favourite ____________________
flight ____________________
flower ____________________
food ____________________
football ____________________
fridge ____________________
friend ____________________
fruit juice ____________________
funny ____________________
game ____________________
garage ____________________
garden ____________________
glasses ____________________

Spelling and sounds are ***different*** *in English. You have to learn* ***both parts*** *of each word!*

a	bat	b	bag	eir	pear	hh	loch	l	lake	or	ball	t	taxi	uuw	pure
ai	time	ch	cheese	er	shirt	i	dish	m	music	oy	toy	th	brother	v	van
aiy	hire	d	dice	eu	home	ii	happy	n	nurse	p	pig	tt	thousand	w	week
ar	star	e	leg	f	frog	iy	here	ng	ring	r	road	u	cup	y	yoghurt
au	cow	ee	three	g	glass	j	jam	o	sock	s	snow	uh	arrive	z	zip
auw	power	ei	plane	h	head	k	kit	oo	shoot	sh	shop	uu	pull	zz	revision

Clear Alphabet Dictionary

400 Elementary Words

Translate from Normal Spelling to Clear Alphabet

go out ________________
goes ________________
going to ________________
goldfish ________________
golf ________________
good ________________
gorilla ________________
got ________________
grandma ________________
grass ________________
grow ________________
guess ________________
guitar ________________
had ________________
hair ________________
half ________________
handsome ________________
has ________________
head ________________
heavy ________________
history ________________
hobby ________________
holiday ________________
homework ________________
hotel ________________
hundred ________________
idea ________________
important ________________
instrument ________________
interesting ________________
internet ________________
introduction ________________
is ________________
it ________________
jeans ________________
June ________________
keyboard ________________
kiss ________________
lake ________________
lamb ________________
language ________________
learn ________________
lemonade ________________
library ________________
little ________________
London ________________
loud ________________
love ________________
made ________________
make ________________
many ________________
market ________________
me ________________
meet ________________
men ________________
might ________________
milk ________________
million ________________
minute ________________
mobile ________________
money ________________
monkey ________________
morning ________________
most ________________
mother ________________
motorbike ________________
motorway ________________
mountain ________________
mouth ________________
music ________________

*Spelling and sounds are **different** in English. You have to learn **both parts** of each word!*

a	bat	b	bag	eir	pear	hh	loch	l	lake	or	ball	t	taxi	uuw	pure
ai	time	ch	cheese	er	shirt	i	dish	m	music	oy	toy	th	brother	v	van
aiy	hire	d	dice	eu	home	ii	happy	n	nurse	p	pig	tt	thousand	w	week
ar	star	e	leg	f	frog	iy	here	ng	ring	r	road	u	cup	y	yoghurt
au	cow	ee	three	g	glass	j	jam	o	sock	s	snow	uh	arrive	z	zip
auw	power	ei	plane	h	head	k	kit	oo	shoot	sh	shop	uu	pull	zz	revision

Clear Alphabet Dictionary

400 Elementary Words

Translate from Normal Spelling to Clear Alphabet

must	____________	partner	____________
my	____________	passport	____________
name	____________	pasta	____________
nature	____________	peace	____________
near	____________	people	____________
never	____________	person	____________
new	____________	phone	____________
next	____________	piano	____________
nice	____________	piece	____________
night	____________	pink	____________
nineteen	____________	pizza	____________
nobody	____________	plan	____________
nose	____________	plane	____________
not	____________	please	____________
nothing	____________	plumber	____________
novel	____________	post office	____________
November	____________	potato	____________
number	____________	pound	____________
nurse	____________	power	____________
of	____________	pretty	____________
off	____________	problem	____________
often	____________	purple	____________
OK	____________	put on	____________
on	____________	queue	____________
one	____________	quick	____________
open	____________	quiet	____________
or	____________	radio	____________
orange	____________	rain	____________
other	____________	ran	____________
our	____________	read	____________
out	____________	real	____________
over	____________	rice	____________
pain	____________	rich	____________
paper	____________	right	____________
parent	____________	river	____________

*Spelling and sounds are **different** in English. You have to learn **both parts** of each word!*

a	bat	b	bag	eir	pear	hh	loch	l	lake	or	ball	t	taxi	uuw	pure
ai	time	ch	cheese	er	shirt	i	dish	m	music	oy	toy	th	brother	v	van
aiy	hire	d	dice	eu	home	ii	happy	n	nurse	p	pig	tt	thousand	w	week
ar	star	e	leg	f	frog	iy	here	ng	ring	r	road	u	cup	y	yoghurt
au	cow	ee	three	g	glass	j	jam	o	sock	s	snow	uh	arrive	z	zip
auw	power	ei	plane	h	head	k	kit	oo	shoot	sh	shop	uu	pull	zz	revision

Clear Alphabet Dictionary

400 Elementary Words

Translate from Normal Spelling to Clear Alphabet

round	
rubbish	
sad	
said	
same	
sausage	
save	
say	
school	
sea	
see	
seven	
seventeen	
she	
sheep	
ship	
shop	
shoulder	
sick	
sign	
simple	
singer	
sister	
sit down	
skirt	
sledge	
sleep	
small	
smile	
so	
sock	
sofa	
some	
soon	
soup	
speak	
sport	
stand up	
start	
still	
strong	
student	
stupid	
summer	
Sunday	
super	
swimming	
table	
take	
talk	
teacher	
team	
television	
tennis	
thank	
theatre	
then	
there	
thing	
thousand	
Thursday	
together	
too	
toothbrush	
town	
tractor	
train	
transport	
tree	
true	

Spelling and sounds are ***different*** *in English. You have to learn* ***both parts*** *of each word!*

a	bat	b	bag	eir	pear	hh	loch	l	lake	or	ball	t	taxi	uuw	pure
ai	time	ch	cheese	er	shirt	i	dish	m	music	oy	toy	th	brother	v	van
aiy	hire	d	dice	eu	home	ii	happy	n	nurse	p	pig	tt	thousand	w	week
ar	star	e	leg	f	frog	iy	here	ng	ring	r	road	u	cup	y	yoghurt
au	cow	ee	three	g	glass	j	jam	o	sock	s	snow	uh	arrive	z	zip
auw	power	ei	plane	h	head	k	kit	oo	shoot	sh	shop	uu	pull	zz	revision

Clear Alphabet Dictionary

400 Elementary Words

Translate from Normal Spelling to Clear Alphabet

Tuesday ____________________
twelve ____________________
two ____________________
umbrella ____________________
uncle ____________________
understand ____________________
uniform ____________________
use ____________________
van ____________________
very ____________________
visit ____________________
walk ____________________
wall ____________________
wardrobe ____________________
warm ____________________
wash ____________________
watch ____________________
way ____________________
way in ____________________
weather ____________________
wedding ____________________
Wednesday ____________________
week ____________________
welcome ____________________
went ____________________
what ____________________
wheel ____________________
when ____________________
where ____________________
which ____________________
why ____________________
wife ____________________
wine ____________________
winter ____________________
with ____________________
wood ____________________
world ____________________
would ____________________
write ____________________
wrong ____________________
year ____________________
yellow ____________________
yes ____________________
yet ____________________
you ____________________
young ____________________
your ____________________
zebra ____________________
zero ____________________
zip ____________________

*Spelling and sounds are **different** in English. You have to learn **both parts** of each word!*

a	bat	b	bag	eir	pear	hh	loch	l	lake	or	ball	t	taxi	uuw	pure
ai	time	ch	cheese	er	shirt	i	dish	m	music	oy	toy	th	brother	v	van
aiy	hire	d	dice	eu	home	ii	happy	n	nurse	p	pig	tt	thousand	w	week
ar	star	e	leg	f	frog	iy	here	ng	ring	r	road	u	cup	y	yoghurt
au	cow	ee	three	g	glass	j	jam	o	sock	s	snow	uh	arrive	z	zip
auw	power	ei	plane	h	head	k	kit	oo	shoot	sh	shop	uu	pull	zz	revision

Clear Alphabet Dictionary

400 Elementary Words

Normal Spelling & Clear Alphabet Spelling (with stressed vowel sound in red)

a	uh
about	uh Baut
above	uh Buv
action	A kshn
actor	A kt
add	Ad
afford	uh Ford
after	Ar ft
again	uh Gen
age	Eij
ago	uh Geu
agree	uh Gree
air	Eir
airport	Eir port
all	Orl
also	Orl seu
am	Am
ambulance	Am by lns
among	uh Mung
an	An
and	And
animal	A n ml
ankle	Ang kl
answer	Arn s
any	E nii
anyone	E nii wun
apartment	uh Par_ mnt
apple	A pl
April	Ei prl
are	Ar
arm	Arm
around	uh Raund
artist	Ar tist
as	Az
ask	Arsk
at	At
ate	Eit
baby	Bei bii
back	Bak
bad	Bad
bag	Bag
bakery	Bei k rii
ball	Borl
banana	b Nar n
bank	Bangk
bathroom	Bar throom
be	Bee
beach	Beech
bear	Beir
beautiful	Byoo t fl
bedroom	Be droom
beef	Beef
been	Been
before	b For
begin	b Gin
belt	Belt
best	Best
better	Be t
big	Big
bike	Baik
bird	Berd
birthday	Ber ttdei
black	Blak
blood	Blud
blouse	Blauz
blue	Bloo
boat	Beut
body	Bo dii
book	Buuk
boring	Bor ring
both	Beutt
box	Boks
boy	Boy
boyfriend	Boy frend
brake	Breik
bread	Bred
break	Breik
bridge	Brij

Clear Alphabet Dictionary

400 Elementary Words

Normal Spelling & Clear Alphabet Spelling (with stressed vowel sound in red)

brilliant	Bril ynt
bring	Bring
British	Bri tish
brother	Bru th
build	Bild
building	Bil ding
bus	Bus
bus stop	Bu stop
butter	Bu t
by	Bai
call	Korl
camping	Kam ping
cancel	Kan sl
car	Kar
carpet	Kar pit
carrot	Ka rt
cash	Kash
cashpoint	Ka shpoynt
catch	Kach
change	Cheinj
cheese	Cheez
child	Chaild
church	Cherch
cinema	Si n m
class	Klars
clean	Kleen
climb	Klaim
coat	Keut
comfortable	Kum ft bl
complete	km Pleet
computer	km Pyoo t
cook	Kuuk
criminal	Kri m nl
cycling	Sai kling
daughter	Dor t
day	Dei
dentist	Den tist
different	Di frnt
doctor	Do kt
drive	Draiv
easy	Ee zii
eat	Eet
eighteen	ei Teen
elephant	E l fnt
email	Ee meil
English	Ing glish
every	E vrii
face	Feis
farmer	Far m
favourite	Fei vrt
flight	Flait
flower	Flauw
food	Food
football	Fuu_ borl
fridge	Frij
friend	Frend
fruit juice	Froo_ joos
funny	Fu nii
game	Geim
garage	Ga rij
garden	Gar dn
glasses	Glar sz
go out	Geu Waut
goes	Geuz
going to	Geu wing t
goldfish	Geul tfish
golf	Golf
good	Guud
gorilla	g Ri l
got	Got
grandma	Gran mar
grass	Grars
grow	Greu
guess	Ges
guitar	g Tar
had	Had
hair	Heir
half	Harf

Clear Alphabet Dictionary

400 Elementary Words

Normal Spelling & Clear Alphabet Spelling (with stressed vowel sound in red)

handsome	Han sm
has	Haz
head	Hed
heavy	He vii
history	Hi st rii
hobby	Ho bii
holiday	Ho l dei
homework	Heum werk
hotel	heu Tel
hundred	Hun drd
idea	ai Diy
important	im Por tnt
instrument	In str mnt
interesting	In tr sting
internet	In t net
introduction	in tr Du kshn
is	Iz
it	It
jeans	Jeenz
June	Joon
keyboard	Kee bord
kiss	Kis
lake	Leik
lamb	Lam
language	Lang gwij
learn	Lern
lemonade	le m Neid
library	Lai brii
little	Li tl
London	Lun dn
loud	Laud
love	Luv
made	Meid
make	Meik
many	Me nii
market	Mar kit
me	Mee
meet	Meet
men	Men
might	Mait
milk	Milk
million	Mil yn
minute	Mi nit
mobile	Meu bail
money	Mu nii
monkey	Mung kii
morning	Mor ning
most	Meust
mother	Mu th
motorbike	Meu t baik
motorway	Meu t wei
mountain	Maun tn
mouth	Mautt
music	Myoo zik
must	Must
my	Mai
name	Neim
nature	Nei ch
near	Niy
never	Ne v
new	Nyoo
next	Nekst
nice	Nais
night	Nait
nineteen	nain Teen
nobody	Neu b dii
nose	Neuz
not	Not
nothing	Nu tting
novel	No vl
November	neu Vem b
number	Num b
nurse	Ners
of	Ov
off	Of
often	O fn
OK	eu Kei
on	On

Clear Alphabet Dictionary

400 Elementary Words

Normal Spelling & Clear Alphabet Spelling (with stressed vowel sound in red)

one	Wun
open	Eu pn
or	Or
orange	O rinj
other	U th
our	Auw
out	Aut
over	Eu v
pain	Pein
paper	Pei p
parent	Peir rnt
partner	Par_ n
passport	Par sport
pasta	Pa st
peace	Pees
people	Pee pl
person	Per sn
phone	Feun
piano	pi Ya neu
piece	Pees
pink	Pingk
pizza	Pee_ ts
plan	Plan
plane	Plein
please	Pleez
plumber	Plu m
post office	Peu sto fis
potato	p Tei teu
pound	Paund
power	Pauw
pretty	Pri tii
problem	Pro blm
purple	Per pl
put on	Puu Ton
queue	Kyoo
quick	Kwik
quiet	Kwaiyt
radio	Rei dii yeu
rain	Rein
ran	Ran
read	Reed
real	Riyl
rice	Rais
rich	Rich
right	Rait
river	Ri v
round	Raund
rubbish	Ru bish
sad	Sad
said	Sed
same	Seim
sausage	So sij
save	Seiv
say	Sei
school	Skool
sea	See
see	See
seven	Se vn
seventeen	se vn Teen
she	Shee
sheep	Sheep
ship	Ship
shop	Shop
shoulder	Sheul d
sick	Sik
sign	Sain
simple	Sim pl
singer	Sing uh
sister	Si st
sit down	Si_ Daun
skirt	Skert
sledge	Slej
sleep	Sleep
small	Smorl
smile	Smail
so	Seu
sock	Sok
sofa	Seu f

Clear Alphabet Dictionary

400 Elementary Words

Normal Spelling & Clear Alphabet Spelling (with stressed vowel sound in red)

some	Sum
soon	Soon
soup	Soop
speak	Speek
sport	Sport
stand up	Stan Dup
start	Start
still	Stil
strong	Strong
student	Schoo dnt
stupid	Schoo pid
summer	Su m
Sunday	Sun dei
super	Soo p
swimming	Swi ming
table	Tei bl
take	Teik
talk	Tork
teacher	Tee ch
team	Teem
television	te l Vi zzn
tennis	Te nis
thank	Ttangk
theatre	Ttiy t
then	Then
there	Their
thing	Tting
thousand	Ttau znd
Thursday	Tter zdei
together	t Ge th
too	Too
toothbrush	Too ttbrush
town	Taun
tractor	Tra kt
train	Trein
transport	Tran sport
tree	Tree
true	Troo
Tuesday	Choo zdei
twelve	Twelv
two	Too
umbrella	um Bre l
uncle	Ung kl
understand	un d Stand
uniform	Yoo n form
use	Yooz
van	Van
very	Ve rii
visit	Vi zit
walk	Work
wall	Worl
wardrobe	Wor dreub
warm	Worm
wash	Wosh
watch	Woch
way	Wei
way in	wei Yin
weather	We th
wedding	We ding
Wednesday	Wen zdei
week	Week
welcome	Wel km
went	Went
what	Wot
wheel	Wiyl
when	Wen
where	Weir
which	Wich
why	Wai
wife	Waif
wine	Wain
winter	Win t
with	With
wood	Wuud
world	Werld
would	Wuud
write	Rait
wrong	Rong

Clear Alphabet Dictionary

400 Elementary Words

Normal Spelling & Clear Alphabet Spelling (with stressed vowel sound in red)

year	Yiy
yellow	Ye leu
yes	Yes
yet	Yet
you	Yoo
young	Yung
your	Yor
zebra	Ze br
zero	Ziy reu
zip	Zip

Clear Alphabet Dictionary

Phonetic Words in Normal English Spelling

This is a list of words from the dictionary which are spelled the same in both the normal Roman alphabet and the Clear Alphabet. These words are easy to pronounce because they look like they sound. They are generally one-syllable words:

adverb	A dverb
advert	A dvert
am	Am
an	An
and	And
ant	Ant
arm	Arm
artist	Ar tist
at	At
bad	Bad
bag	Bag
ban	Ban
bat	Bat
bed	Bed
bedroom	Be droom
bee	Bee
beef	Beef
been	Been
beg	Beg
belt	Belt
bench	Bench
best	Best
big	Big
boy	Boy
bring	Bring
British	Bri tish
bus	Bus
but	But
chat	Chat
cheek	Cheek
chest	Chest
chin	Chin
dad	Dad
deep	Deep
dentist	Den tist
did	Did
dog	Dog
drip	Drip
drum	Drum
end	End
far	Far
farm	Farm
fat	Fat
feet	Feet
film	Film
finish	Fi nish
fish	Fish
fit	Fit
flat	Flat
flop	Flop
fog	Fog
food	Food
for	For
form	Form
free	Free
frog	Frog
from	From
get	Get
get in	Ge Tin
get on	Ge Ton
God	God
golf	Golf
got	Got
green	Green
greet	Greet
groom	Groom
gun	Gun
had	Had
hand	Hand
hard	Hard
hat	Hat
help	Help
her	Her
him	Him
hit	Hit
if	If
in	In
inch	Inch
inform	in Form
job	Job
jump	Jump
just	Just
keep	Keep
king	King
left	Left
leg	Leg
lend	Lend
lift	Lift
lip	Lip
long	Long
lot	Lot
lunch	Lunch
lung	Lung
man	Man
map	Map
mark	Mark
meat	Meet
men	Men
mist	Mist
moon	Moon
much	Much
mum	Mum
must	Must
need	Need
nut	Nut
on	On
or	Or
pig	Pig
plan	Plan
plot	Plot
pop	Pop
pop star	Po pstar
port	Port
print	Print
ran	Ran
rash	Rash
rent	Rent
rest	Rest
rich	Rich
ring	Ring
risk	Risk
room	Room
run	Run
sad	Sad
sand	Sand
see	See
self	Self
send	Send
set	Set
sheep	Sheep
ship	Ship
shop	Shop
short	Short
shut	Shut
sing	Sing
sit	Sit
skin	Skin
sleep	Sleep
sleet	Sleet
slim	Slim
slip	Slip
soft	Soft
soon	Soon
sort	Sort
spend	Spend
spin	Spin
spring	Spring
stand	Stand
star	Star
starfish	Star fish
start	Start
step	Step
stop	Stop
storm	Storm
street	Street
string	String
strong	Strong
such	Such
sun	Sun
sunset	Sun set
suntan	Sun tan
swim	Swim
ten	Ten
tent	Tent
test	Test
than	Than
that	That
their	Their
them	Them
then	Then
too	Too
top	Top
transfer	Tran sfer
up	Up
van	Van
verb	Verb
vest	Vest
week	Week
went	Went
west	West
wet	Wet
wind	Wind
wish	Wish
with	With
yet	Yet
York	York
zip	Zip

Clear Alphabet Dictionary

100 Sets of Common Homophones

Homophones are words that have exactly the same sounds, but different spellings and meanings. In the Clear Alphabet there are no homophones, because spellings and sounds always match.

uh Laud	aloud, allowed
Arnt	aunt, aren't
Beir	bear, bare
Bloo	blue, blew
Bord	bored, board
Breik	break, brake
Bai	buy, by, bye
Siy riyl	cereal, serial
Cheep	cheap, cheep
Chek	check, cheque
Chooz	choose, chews
Kaun sl	council, counsel
Kyoo	cue, queue
Diy	deer, dear
Joo	dew, due
Dai	die, dye
Deu	dough, doe
Eit	eight, ate
Feet	feet, feat
fi Yon sei	fiancé, fiancée
Faind	find, fined
Flor	floor, flaw
Flauw	flower, flour
Greit	great, grate
Greun	grown, groan
Heir	hair, hare
Hart	hart, heart
Hiyl	heal, heel, he'll
Hiy	hear, here
Herd	heard, herd
Hai	high, hi
Heul	hole, whole
Ai dl	idle, idol
Aiyl	I'll, aisle
In	in, inn
I_s	it's, its
Jeenz	jeans, genes
Kee	key, quay
Led	lead, led
Leest	least, leased
Lait	light, lite
Leun	loan, lone
Meid	made, maid
Meil	male, mail
Meet	meet, meat
Maind	mind, mined
Mist	missed, mist
Mor ning	morning, mourning
Mu sl	muscle, mussel
Nei vl	naval, navel
Nyoo	new, knew
Neu	no, know
Nun	none, nun
Neuz	nose, knows
Not	not, knot
Wun	one, won
Or	or, oar, ore
Auw	our, hour
Pei shns	patience, patients
Peek	peak, peek
Peir	pear, pair
Pai	pie, pi
Pees	piece, peace
Piy	pier, peer
Plein	plane, plain
Por	poor, pour
Pra ktis	practice, practise
Prei	pray, prey
Rein	rain, reign
Reiz	raise, rays, raze
Ror	raw, roar
Reed	read, reed
Red	red, read
Rait	right, write
Reud	road, rode, rowed
Reuz	rose, rows
Seil	sale, sail
Sor	saw, sore
See	see, sea
Sel	sell, cell
Sent	sent, scent, cent
Steir	stair, stare
Sun	sun, son
Teil	tail, tale
Tee	tea, tee
Their	there, they're, their
Taid	tide, tied
Too	two, too
Weit	wait, weight
Worn	warn, worn
We th	weather, whether
Week	week, weak
Wiyl	we'll, wheel, weal
Weil	whale, wail
Weir	where, wear
Wail	while, wile
Wuud	wood, would
Rait	write, right
Yoo	you, yew
Yor	your, you're

Clear Alphabet Dictionary

Minimal Pairs

A minimal pair is a pair of words that have the same sounds apart from one sound. This is a list of minimal pairs from this dictionary. Notice that they are mostly one-syllable words. Can you think of any more minimal pairs?

Same consonant sound(s), one different vowel sound:

cheers Chiyz
cheese Cheez

course Kors
curse Kers

fail Feil
fall Forl

far Far
fare Feir

hat Hat
hate Heit

heart Hart
heat Heet

her Her
here Hiy

nice Nais
niece Nees

nine Nain
none Nun

plain Plein
plan Plan

smell Smel
smile Smail

spin Spin
spine Spain

start Start
state Steit

through Ttroo
throw Ttreu

to Too
toe Teu

Same vowel sound(s), one different consonant sound:

cheap Cheep
cheek Cheek

close Kleuz
clothes Kleuthz

gate Geit
gave Geiv

hobby Ho bii
hockey Ho kii

large Larj
laugh Larf

light Lait
like Laik

made Meid
make Meik

might Mait
mile Mail

mouse Maus
mouth Mautt

nail Neil
name Neim

nice Nais
night Nait

north Nortt
nought Nort

page Peij
pain Pein

place Pleis
plain Plein

rabbit Ra bit
racquet Ra kit

rain Rein
raise Reiz

receipt r Seet
receive r Seev

refuse r Fyooz
refute r Fyoot

rice Rais
right Rait

shake Sheik
shape Sheip

side Said
sign Sain

slim Slim
slip Slip

some Sum
son Sun

tail Teil
take Teik

teach Teech
team Teem

verb Verb
verse Vers

walk Work
warn Worn

wash Wosh
watch Woch

yes Yes
yet Yet

My minimal pairs:

____

____

Clear Alphabet Dictionary

Silent Letters

Here are some good examples of items in the dictionary which have silent letters. The Clear Alphabet ignores letters which are not pronounced. Silent letters often occur because the vowel letters in unstressed syllables are converted into schwa sounds when we pronounce them; or when double letters represent one consonant sound, e.g. "ff" for f , and so on. Note: reading this list out loud is a good way of testing students' understanding of the use of the schwa sound in English pronunciation:

Normal Spelling:	*CA Spelling:*	*Silent Letter(s) (in spelling but not pronounced):*
autumn	Or tm	______
build	Bild	______
butter	Bu t	______
candidate	Kan d dt	______
cinema	Si n m	______
criminal	Kri m nl	______
customer	Ku st m	______
debt	Det	______
differ	Di f	______
elephant	E l fnt	______
escalator	E sk lei t	______
giraffe	j Rarf	______
gorilla	g Ri l	______
guess	Ges	______
illness	Il ns	______
indicator	In d kei t	______
knee	Nee	______
manager	Ma n j	______
mechanic	m Ka nik	______
menopause	Me n porz	______
minute	Mi nit	______
muscle	Mu sl	______
negative	Ne g tiv	______
Norwich	No rich	______
often	O fn	______
orchestra	Or k str	______
possible	Po s bl	______
sausage	So sij	______
school	Skool	______
separation	se p Rei shn	______
skeleton	Ske l tn	______
sledge	Slej	______
solicitor	s Li s t	______
suggest	s Jest	______
supporter	s Por t	______
syllable	Si l bl	______
terminal	Ter m nl	______
thermometer	tt Mo m t	______
together	t Ge th	______
weather	We th	______
what	Wot	______
whatever	wo Te v	______
whenever	we Ne v	______
wrist	Rist	______
wrong	Rong	______
young	Yung	______

Clear Alphabet Dictionary

Silent Letters

Answers:

Normal Spelling:	*CA Spelling:*	*Silent Letter(s) (in spelling but not pronounced):*
autumn	Or tm	n
build	Bild	u
butter	Bu t	t, er
candidate	Kan d dt	i, a, e
cinema	Si n m	e, a
criminal	Kri m nl	i, a
customer	Ku st m	o, er
debt	Det	b
differ	Di f	f, er
elephant	E l fnt	e, a
escalator	E sk lei t	a, or
giraffe	j Rarf	i, f, e
gorilla	g Ri l	o, l, a
guess	Ges	u, s
illness	Il ns	l, e, s
indicator	In d kei t	i, or
knee	Nee	k
manager	Ma n j	a, er
mechanic	m Ka nik	e, h
menopause	Me n porz	o, e
minute	Mi nit	u, e
muscle	Mu sl	c, e
negative	Ne g tiv	a, e
Norwich	No rich	w
often	O fn	t, e
orchestra	Or k str	h, e, a
possible	Po s bl	s, i, e
sausage	So sij	a, e
school	Skool	h
separation	se p Rei shn	a, io
skeleton	Ske l tn	e, o
sledge	Slej	d, e
solicitor	s Li s t	o, i, or
suggest	s Jest	u, g
supporter	s Por t	u, p, er
syllable	Si l bl	l, a, e
terminal	Ter m nl	i, a
thermometer	tt Mo m t	er, e, er
together	t Ge th	o, er
weather	We th	a, er
what	Wot	h
whatever	wo Te v	h, er
whenever	we Ne v	h, er
wrist	Rist	w
wrong	Rong	w
young	Yung	o

Clear Alphabet Dictionary

Hidden Sounds

Here are some good examples of words and phrases in the dictionary which have hidden sounds – sounds which are heard when you say the word, but don't appear in the normal spelling. There are no clues that they exist so students have to learn the hard way – by making mistakes. In the Clear Alphabet, hidden sounds are revealed, because all sounds are written – apart from embedded schwa sounds. Can you think of any more words in each category?

<u>Hidden Sound:</u> y

commuter	k Myoo t
emu	Ee myoo
euthanasia	yoo tt Nei ziy
humiliate	hyoo Mi lii yeit
knew	Nyoo
millionaire	mil y Neir
new	Nyoo
numeral	Nyoo m rl
onion	Un yn
queue	Kyoo
security	s Kyuuw r tii

<u>Hidden Sound:</u> g

Spelling Rule:	*"gu" can be pronounced: gw*	*e.g. anguish, penguin, languid, etc.*
language	Lang gwij	

<u>Hidden Sound:</u> ch

Spelling Rule:	*"tu" is often pronounced: ch*	*e.g. tune, attitude, tuna, etc.*
expenditure	e Kspen d ch	
medical student	Me d kl schoo dnt	
punctuation mark	pung kch Wei shn mark	
stupid	Schoo pid	
Tuesday	Choo zdei	

<u>Hidden Sound:</u> j

Spelling Rule:	*"du" is often pronounced: j*	*e.g. dune, duty, due, etc.*
produce	pr Joos	

<u>Hidden Sound:</u> ng

Spelling Rule:	*"nk" is often pronounced: ngk*	*e.g. think, ink, bank, sank, etc.*
pink	Pingk	
uncle	Ung kl	

Clear Alphabet Dictionary

Hidden Sounds

Hidden Sound: sh

Spelling Rule:	*"ch" can be pronounced: sh*	*e.g. parachute, chef, cliché, etc.*
machine	m Sheen	

Hidden Sound: f

Spelling Rule:	*"ph" can be pronounced: f*	*e.g. phone, photo, Phil, trophy, etc.*
phrase	Freiz	
nephew	Ne fyoo	
pharmacist	Far m sist	

Hidden Sound: kw

Spelling Rule:	*"qu" is usually pronounced: kw*	*e.g. almost every word starting with "q"!*
quick	Kwik	
squash	Skwosh	

Clear Alphabet Dictionary

Words and Phrases with Glottal Stops

This is a list of items in the dictionary which have glottal stops. Glottal stops are represented in the Clear Alphabet by the symbol: _

A glottal stop often replaces the first sound in a cc sound connection – usually t or d :

Items where t is replaced by a glottal stop:

absolutely	a ps Loo_ lii
achievements	uh Chee vmn_s
amusement park	uh Myoo zmn_ park
apartment	uh Par_ mnt
apartment block	uh Par_ mn_ blok
appointment	uh Poyn_ mnt
basketball	Bar ski_ borl
benefits	Be n fi_s
benefits trap	Be n fi_ strap
brackets	Bra ki_z
budget airline	bu ji_ Eir lain
Cate Blanchett	kei_ Blarn cht
climate change	Klai m_ cheinj
content word	Kon ten_ werd
credit card	Kre di_ kard
debit card	De bi_ kard
department store	d Par_ mn_ stor
en-suite bathroom	on swee_ Bar ttroom
favorites	Fei vr_z
fertility treatment	f Ti l tii tree_ mnt
fingerprints	Fing g prin_z
fitness suite	Fi_ n sweet
football	Fuu_ borl
football stadium	Fuu_ borl stei diym
front cover	frun_ Ku v
fruit juice	Froo_ joos
get angry	ge_ Ang grii
get burned	ge_ Bernd
get divorced	ge_ d Vorst
get dressed	ge_ Drest
get promoted	ge_ pr Meu td
get stung	ge_ Stung
get worse	ge_ Wers
Great Britain	grei_ Bri tn
its	I_s
John O'Groats	jo n Greu_s
market place	Mar ki_ pleis
networking	Ne_ wer king
nightclub	Nai_ klub
nightdress	Nai_ dres
ought to	Or_ too
partner	Par_ n
passport control	Par spor_ kn treul
present perfect	pre zn_ Per fkt
present simple	pre zn_ Sim pl
put down	Puu_ Daun
remote control	r meu_ kn Treul
retirement home	r Taiy mn_ heum
Scotland	Sko_ lnd
seatbelt	See_ belt
silent letter	sai ln_ Le t
sit down	Si_ Daun
social network	seu shl Ne_ werk
sports car	Spor_ skar
state pension	stei_ Pen shn
witness	Wi_ ns
write down	Rai_ Daun

Items where d is replaced by a glottal stop:

blood test	Blu_ test
graduate	Gra_ j weit
lead to	Lee_ Too
sound connection	Saun_ k ne kshn

Items where b is replaced by a glottal stop:

web page	We_ peij
web server	We_ pser v
webcam	We_ pkam
website	We_ psait

Items where a different sound is replaced by a glottal stop:

back cover	ba_ Ku v
electric guitar	uh le ktri_ gi Tar
emergency exit	i mer jn sii Ye_ ksit

Item where the glottal stop does not replace a sound:

pizza	Pee_ ts

Clear Alphabet Dictionary

Longer Phrases

Here are some phrases that had to be cut from the main dictionary because they were too long!

antisocial behaviour	an ti seu shl b Hei vy
bed and breakfast	be dn Bre kfst
breakdown recovery service	brei kdaun r Ku v rii ser vis
checkout assistant	Che kau t si stnt
communication skills	k myoo n Kei shn skilz
community centre	k Myoo n tii sen t
community service	k myoo n tii Ser vis
complimentary newspaper	kom pl men trii Nyoo spei p
connected speech	k ne kt Tspeech
consonant cluster	Kon s nnt klu st
consonant sound	Kon s nnt saund
continental breakfast	kon t nen tl Bre kfst
curriculum vitae [CV]	ku ri ky lm Vee tai [See Vee]
duck-billed platypus	du kbil Tpla t puus
embedded schwa sound	uhm be d Tshwar saund
employment history	uhm Ploy mn_ hi st rii
excess baggage	e kse Spa gij
exclamation mark	e kskl Mei shn mark
express an emotion	e kspre s n Meu shn
express an opinion	e kspre s n Pin yn
express likes/dislikes	e kspre Slaikz/Di slaikz
final consonant linking (FCL)	fai nl kon s nn_ Ling king (e fsii Yel)
friendly consonant sound	fren dlii Kon s nn_ saund
further education	fer th re j Kei shn
future continuous	fyoo ch kn Tin y ws
future perfect continuous	fyoo ch per fe_ kn Tin y ws
great white shark	grei_ wai_ Shark
high expectations	hai ye kspe Ktei shnz
how are you doing?	ha w y Doo wing?
interactive content	in t ra kti Fkon tent
neighbourhood watch scheme	nei b huu Two chskeem
newspaper reporter	Nyoo spei p r por t
painter and decorator	pein t rn De k rei t
past perfect continuous	par sper fe_ kn Tin y ws
personal subject pronoun	per s nl Su bje kpreu naun
possessive determiner	p ze siv d Ter mi n
present continuous	pre zn_ kn Tin y ws
present perfect continuous	pre zn_ per fe_ kn Tin y ws
recruitment agency	r Kroo_ mn tei jn sii
semi-detached house	se mii d ta Chthaus
standard pronunciation	stan d tpr nun sii Yei shn
stress-timed language	stre staim Tlang gwij
suspended sentence	su spen d Tsen tns
Sydney Opera House	si dnii Yo pr haus
thunder and lightning	ttun d rn Tlai_ ning
catering assistant	Kei t ring uh si stnt
second conditional	se kn tkn Di shnl
self-improvement	sel fim Proo vmnt
windscreen wipers	Win tskreen wai pz
washing machine	Wo shing m sheen

Clear Alphabet Dictionary

Words that Look Confusing in the Clear Alphabet

It's difficult to understand a word in the Clear Alphabet when it looks like a word written in normal spelling. Here are some examples of words in the Clear Alphabet that look like normal English words.

This can happen when a syllable with a single phoneme is represented by one letter, e.g. O f = "offer", but looks like the word "of". It is especially true of items that have embedded schwa sounds – which are not shown in the Clear Alphabet. It also often occurs with diphthongs such as ai and ei and long vowel sounds, e.g. eir and or .

If you are working with the Clear Alphabet, you need to learn to think differently – in sounds and syllables rather than letters and words. Can you find any more examples like the ones below?

Normal Spelling:	*CA Spelling:*	*Other English word that it looks like:*
cider	Sai d	said
reader	Ree d	reed
farmer	Far m	farm
summer	Su m	sum
jumper	Jum p	jump
slipper	Sli p	slip
letter	Le t	let
matter	Ma t	mat
porter	Por t	port
figure	Fi g	fig
offer	O f	of
pasta	Pa st	past
winner	Wi n	win
line	Lain	lain
mile	Mail	mail
pint	Paint	paint
ride	Raid	raid
side	Said	said
while	Wail	wail
white	Wait	wait
wine	Wain	wain
nail	Neil	Neil
nothing	Nu tting	nutting
since	Sins	sins
suit	Soot	soot
pence	Pens	pens
tense	Tens	tens
walk	Work	work
ward	Word	word
warm	Worm	worm
wear	Weir	weir

Clear Alphabet Dictionary

Words that Look Confusing in the Clear Alphabet

The following Clear Alphabet spellings of words from the dictionary all look similar to or have elements of other words with normal spellings:

Normal Spelling:	*CA Spelling:*	*Other English word that it looks like:*
beside	b Said	said
climb	Klaim	claim
egg	Eg	e.g.
fight	Fait	fate
lake	Leik	like
liver	Li v	live
loud	Laud	laud
main	Mein	mein – *German for "my"*
mineral water	Min rl wor t	wort
mobile	Meu bail	bail
next to	Ne kst	next
performer	p For m	perform/form
pizza	Pee_ ts	Pete's
singular form	Sing gy l form	gy *looks like it should be soft, like the suffix*
solicitor	s Li s t	list
spider	Spai d	paid
stretcher	Stre ch	stretch
sunbathing	Sun bei thing	thing
super	Soo p	soup
supporter	s Por t	port/support
teacher	Tee ch	teach
toward	t Word	word
trainer	Trei n	train
turbulence	Ter by lns	by
Twitter	Twi t	twit
voter	Veu t	vote
waiter	Wei t	wait
walkabout	Wor k baut	work
water	Wor t	wort

Clear Alphabet Dictionary

Problem Sound Connections – when Clear Alphabet Looks Awkward!

There are a few occasions when we need to stop and think twice about how to represent sounds using the Clear Alphabet. Here are a few examples of words and phrases like that in the dictionary. Problems can often occur thanks to difficult-to-pronounce cc sound connections, e.g. a hard (voiced) d sound meets an equally hard (voiced) k in the middle of "childcare" – and d loses! We have to move it forward and change it to the softer (unvoiced) t : Chail tkeir . This also gives us examples of assimilation – a sound changes to make the sound connection easier – e.g. in the above case d changes to t .

Can you find/think of any more items in each category?

1. Issues with cc sound connections:

a) hard (voiced) d changes to soft (unvoiced) t

childcare	Chail tkeir
childhood	Chail thuud
classified advert	kla s fai Ta tvert
goldfish	Geul tfish
hardback	Har tbak
head for	He Tfor
midwife	Mi twaif
podcast	Po tkarst
road sign	Reu tsain
Sherwood Forest	sher w Tfo rist
sidekick	Sai tkik
surround sound	s raun Tsaund
third conditional	thir tkn Di shnl
United Kingdom	yoo nai t Tking dm
United Nations	yoo nai t Tnei shnz
widescreen	Wai tskreen
wind farm	Win tfarm
windscreen	Win tskreen
word stress	Wer tstres

b) v (voiced) changes to f (unvoiced)

give back	Gi Fbak
have pierced	ha Fpiyst
of course	uh Fkors

c) g (voiced) changes to k (unvoiced)

drug trafficking	Dru ktra fking

d) b (voiced) changes to p (unvoiced)

object	O pjekt
subtitles	Su ptai tlz
web server	We_ pser v
webcam	We_ pkam

Clear Alphabet Dictionary

Problem Sound Connections – when Clear Alphabet Looks Awkward!

website We_ psait

e) j (voiced) changes to ch (unvoiced)

vegetable Ve cht bl

f) p moves forward (FCL)

hip-hop Hi phop
popcorn Po pkorn
update U pdeit
upgrade U pgreid

2. It can look awkward when several consonant sounds have to be "front-loaded" onto the beginning of a syllable:

a) Examples with 2 sounds:

English Channel ing gli Shcha nl
public toilet pu bli Ktoy lt

b) Examples with 3 sounds:

clothes shop Kleu thzshop
detached house d Ta chthaus
withdrawal wi Thdrorl

...but that's how native speakers of English really speak!

3. Foreign words in English:

a) Some words in English include foreign sounds that are rarely used in English, e.g. a sound from Welsh that is not common in English is: hh .

Llandudno hhlan Du tneu

English native speakers tend to shy away from making the guttural hh sound, and use l instead:

Llandudno lan Du tneu

b) We can't write some foreign words in the Clear Alphabet because the Clear Alphabet only includes the 48 sounds of English. Other languages have sounds which are not heard in Standard English pronuciation, e.g. the "rolling r" sound in Polish. There are even different sounds in American English which do not feature in British English, and therefore are not included in the Clear Alphabet.

4. When a glottal stop comes at the end of a syllable which occurs before another consonant sound, e.g.

partner Par_ n

Clear Alphabet Dictionary

Problem Sound Connections – when Clear Alphabet Looks Awkward!

5. Just consonant sounds written together (with embedded schwa sound, which is invisible, just assumed). These syllables can look daunting!

picture	Pi kch
usual	Yoo zzwl
Oxford	O ksfd
pregnancy	Pre gnn sii

n beside n can present a challenge at first glance!

6. Some words just look strange in the Clear Alphabet, for a variety of reasons:

singer	Sing uh	*a schwa sound on its own looks odd!*
theatre	Ttiy t	

any word with tt , or any unfamilar ID, e.g. zz or iy – you just have to learn the Clear Alphabet identifiers (see p.17).

7. Very rarely, a combination of Clear Alphabet IDs can be ambiguous:

food hygiene foo Thai jeen

is th one single ID (one phoneme), representing th in "them", or is it two separate IDs (two phonemes): t and h ? In this case, it is the latter. It is hoped that students will be able to make the correct choice thanks to their understanding of the actual word or phrase being studied. (An added complication here is that the syllable in question also looks exactly like an English word, the nationality "Thai". Like any human system, the Clear Alphabet is not perfect!)

Clear Alphabet Dictionary

Practice Worksheets – Instructions

Here are a few practice worksheets for learning the Clear Alphabet, with the topics "Countries", "Leisure Activities", and "Famous People". They are graded in difficulty, so translating from the Clear Alphabet is the easiest activity, translating into the Clear Alphabet (using the Clear Alphabet chart) is a little harder, and the hardest is identifying words from mixed-up Clear Alphabet syllables.

I didn't want to write pages and pages of practice material because my aim is to encourage *you* to create your own activities using vocabulary that is most relevant to you – to develop self-sufficiency rather than dependence on professional writers. Students could practise translation activities of this kind with *any* set of vocabulary words.

Tips:

- Some of the Clear Alphabet spellings are easier to recognise than others, because they are already fairly phonetic in the normal spelling, e.g.

  Wo ching Tee Vee = watching TV

  You could adjust this kind of activity to the students' level, including more easier Clear Alphabet spellings for lower levels, and fewer for higher levels

- Get SS to identify and sound out all of the different sounds (phonemes) in a syllable loudly and put stress on stressed syllables

- Get SS to extend the word or phrase into a short single clause sentence, e.g.

  Plei ying Golf becomes: ai Lai Kplei ying Golf.

- Cut up syllables from several words and mix them up. SS have to identify the 4, 5, 6, etc. different words, which could all be on the same topic

- Make a gap-fill activity with items which have one or more syllables missing, e.g.

  E kw ______ (dor – Ecuador)

- Match Clear Alphabet spellings to one-sentence clues, e.g.

  "A warm European country with a long Atlantic coastline which is good at football." = Por ch gl

- ...or use any of the activities in the List of Activities from p.47

Here are some more examples of countries with the Clear Alphabet:

Macedonia	ma s Deu niy
New Zealand	Nyoo Zee lnd
Lithuania	li tt Wei niy
Bangladesh	bang gl Desh
Northern Ireland	nor th Naiy lnd
Cameroon	ka m Roon
Guatemala	gwo t Mar l
Antarctica	an Tar kti k

Clear Alphabet Dictionary

Practice Worksheets – Instructions

...and here are some more examples of leisure activities with the Clear Alphabet:

playing golf	Plei ying Golf
reading a book	Ree ding uh Buuk
going on holiday	Geu wing on Ho l dei
sunbathing	Sun bei thing
horse riding	Hor srai ding
going fishing	Geu wing Fi shing
going to the pub	Geu wing t th Pub
collecting things	k Le kting Ttingz
flower arranging	Flauw r Rein jing
singing in a choir	Sing ing i n Kwaiy
making clothes	Mei king Kleuthz
listening to music	Li sning t Myoo zik
window shopping	Win deu Sho ping
writing poetry	Rai ting Peu w trii
water-skiing	Wor t Skee ying
hang-gliding	Hang Glai ding
potholing	Po_ Heu ling
carpentry	Kar pn trii
keeping pets	Kee ping Pe_z
online games	On lain Geimz
learning a language	Ler ning uh Lang gwij
extreme sports	e Kstreem Spor_z
beauty treatments	Byoo tii Tree_ mn_z
athletics	a Ttle tikz
hill walking	Hil wor king
train spotting	Trein Spo ting

Clear Alphabet Dictionary

Translate Countries **from** the Clear Alphabet

*Translate the names of the countries below **from** the Clear Alphabet:*

1. Jer m nii ______
2. Yuuw r gwai ______
3. Swi_ z lnd ______
4. th yoo Kei ______
5. bo_ Swar n ______
6. sau ttk Riy ______
7. ar jn Tee n ______
8. E kw dor ______
9. Lu ksm berg ______
10. j Mei k ______
11. k Lum biy ______
12. ma d Ga sk ______
13. o Strei liy ______
14. I t lii ______
15. Por ch gl ______
16. in d Nee ziy ______
17. th Fi l peenz ______
18. th yoo we Sei ______
19. ve n Zwei l ______
20. b Li viy ______

Clear Alphabet Dictionary

Translate Countries **into** the Clear Alphabet

*Translate the names of the countries below **into** the Clear Alphabet:*

1. Germany ______________________________
2. Uruguay ______________________________
3. Switzerland ______________________________
4. the UK ______________________________
5. Botswana ______________________________
6. South Korea ______________________________
7. Argentina ______________________________
8. Ecuador ______________________________
9. Luxembourg ______________________________
10. Jamaica ______________________________
11. Colombia ______________________________
12. Madagascar ______________________________
13. Australia ______________________________
14. Italy ______________________________
15. Portugal ______________________________
16. Indonesia ______________________________
17. the Philippines ______________________________
18. the USA ______________________________
19. Venezuela ______________________________
20. Bolivia ______________________________

Clear Alphabet Dictionary

Find the Mixed-up Countries with the Clear Alphabet

Unjumble the mixed-up Clear Alphabet syllables below to find the names of twenty countries:

1. m Jer nii ______________________
2. gwai r Yuuw ______________________
3. z lnd Swi_ ______________________
4. yoo th Kei ______________________
5. bo_ n Swar ______________________
6. Riy sau ttk ______________________
7. Tee ar n jn ______________________
8. kw E dor ______________________
9. ksm berg Lu ______________________
10. Mei j k ______________________
11. k biy Lum ______________________
12. Ga ma d sk ______________________
13. Strei liy o ______________________
14. lii t I ______________________
15. ch Por gl ______________________
16. Nee in ziy d ______________________
17. l peenz th Fi ______________________
18. Sei yoo th we ______________________
19. n l ve Zwei ______________________
20. viy b Li ______________________

Clear Alphabet Dictionary

Translate Leisure Activities **from** the Clear Alphabet

*Translate twenty leisure activities below **from** the Clear Alphabet:*

1. Cha ting wi Ttfrenz ______________________________
2. maun t Niy ring ______________________________
3. Vi z ting Re l tivz ______________________________
4. Rai ding uh Baik ______________________________
5. Geu wing on Ho l dei ______________________________
6. Meu t rei sing ______________________________
7. Flai ying uh Kait ______________________________
8. jim Na stikz ______________________________
9. Ler ning t Dror ______________________________
10. Hor srai ding ______________________________
11. tram p Lee ning ______________________________
12. Wo ching Tee Vee ______________________________
13. Reu l blei ding ______________________________
14. Bei king uh Keik ______________________________
15. Tei king Feu teuz ______________________________
16. Ser fing thii Yin t net ______________________________
17. Bar ski_ borl ______________________________
18. Heu mim Proo vmntz ______________________________
19. Skoo b Dai ving ______________________________
20. k Noo wing ______________________________

Clear Alphabet Dictionary

Translate Leisure Activities **into** the Clear Alphabet

*Translate twenty leisure activities below **into** the Clear Alphabet:*

1. chatting with friends ____________________
2. mountaineering ____________________
3. visiting relatives ____________________
4. riding a bike ____________________
5. going on holiday ____________________
6. motor racing ____________________
7. flying a kite ____________________
8. gymnastics ____________________
9. learning to draw ____________________
10. horse riding ____________________
11. trampolining ____________________
12. watching TV ____________________
13. roller blading ____________________
14. baking a cake ____________________
15. taking photos ____________________
16. surfing the internet ____________________
17. basketball ____________________
18. home improvements ____________________
19. scuba diving ____________________
20. canoeing ____________________

Clear Alphabet Dictionary

Find the Mixed-up Leisure Activities with the Clear Alphabet

Unjumble the mixed-up Clear Alphabet syllables below to find twenty leisure activities:

1. wi ting Cha Ttfrenz ______________________
2. Niy maun t ring ______________________
3. I ting z tivz Re Vi ______________________
4. uh Rai Baik ding ______________________
5. dei wing Ho Geu I on ______________________
6. rei Meu t sing ______________________
7. uh ying Kait Flai ______________________
8. stikz jim Na ______________________
9. t Dror ning Ler ______________________
10. ding srai Hor ______________________
11. p ning tram Lee ______________________
12. Vee Tee ching Wo ______________________
13. blei I Reu ding ______________________
14. uh king Keik Bei ______________________
15. king Feu Tei teuz ______________________
16. Yin Ser t fing net thii ______________________
17. borl Bar ski_ ______________________
18. mim vmntz Proo Heu ______________________
19. b ving Dai Skoo ______________________
20. Noo wing k ______________________

Clear Alphabet Dictionary

Translate 40 Famous People **from** the Clear Alphabet

Here are the top 40 entries in Forbes Magazine's 100 Most Powerful Celebrities List 2012 (stressed vowel sounds in red). Translate them into normal spelling and discuss why each person is famous:

1. je n f Leu pez ____________________
2. eu pr Win frii ____________________
3. ju stin Bee b ____________________
4. rii Ya n ____________________
5. lei dii Gar gar ____________________
6. bri_ nii Spiyz ____________________
7. kim kar Da shiyn ____________________
8. kei tii Pe rii ____________________
9. tom Krooz ____________________
10. stee vn Spiyl berg ____________________
11. tei l Swift ____________________
12. tai g Wuudz ____________________
13. an j lee n jeu Lee ____________________
14. do nl Trump ____________________
15. l bron Jeimz ____________________
16. bii yon sei Neulz ____________________
17. el tn Jon ____________________
18. sai mn Kauwl ____________________
19. ru Shlim bor ____________________
20. tai l Pe rii ____________________
21. por lm Kar_ nii ____________________
22. je n f Ra n stn ____________________
23. glen Bek ____________________
24. uh Del ____________________
25. bon Jeu vii ____________________
26. do kt Drei ____________________
27. keu bii Braiynt ____________________
28. bra Tpit ____________________
29. rai yn See krest ____________________
30. ha w Tstern ____________________
31. ro j Fe d r ____________________
32. dei vi Tbe km ____________________
33. ma nii pa Kyau ____________________
34. e ln d Je n rz ____________________
35. mai kl Bei ____________________
36. jor Jloo ks ____________________
37. jeim Zpa t sn ____________________
38. jei Zee ____________________
39. je rii Bruu khai m ____________________
40. pei tn Ma ning ____________________

Clear Alphabet Dictionary

Translate 40 Famous People **from** the Clear Alphabet

Answers:

1. je n f Leu pez	Jennifer Lopez	singer
2. eu pr Win frii	Oprah Winfrey	TV personality
3. ju stin Bee b	Justin Bieber	singer
4. rii Ya n	Rihanna	singer
5. lei dii Gar gar	Lady Gaga	singer
6. bri_ nii Spiyz	Britney Spears	singer
7. kim kar Da shiyn	Kim Kardashian	TV personality
8. kei tii Pe rii	Katy Perry	singer
9. tom Krooz	Tom Cruise	actor
10. stee vn Spiyl berg	Steven Spielberg	director/producer
11. tei l Swift	Taylor Swift	singer
12. tai g Wuudz	Tiger Woods	sportsman (golf)
13. an j lee n jeu Lee	Angelina Jolie	actor
14. do nl Trump	Donald Trump	TV personality
15. l bron Jeimz	LeBron James	sportsman (basketball)
16. bii yon sei Neulz	Beyoncé Knowles	singer
17. el tn Jon	Elton John	singer
18. sai mn Kauwl	Simon Cowell	TV personality
19. ru Shlim bor	Rush Limbaugh	broadcaster
20. tai l Pe rii	Tyler Perry	actor
21. por lm Kar_ nii	Paul McCartney	musician
22. je n f Ra n stn	Jennifer Aniston	actor
23. glen Bek	Glenn Beck	broadcaster
24. uh Del	Adele	singer
25. bon Jeu vii	Bon Jovi	rock group
26. do kt Drei	Dr. Dre	producer/performer
27. keu bii Braiynt	Kobe Bryant	sportsman (basketball)
28. bra Tpit	Brad Pitt	actor
29. rai yn See krest	Ryan Seacrest	TV personality
30. ha w Tstern	Howard Stern	broadcaster
31. ro j Fe d r	Roger Federer	sportsman (tennis)
32. dei vi Tbe km	David Beckham	sportsman (football)
33. ma nii pa Kyau	Manny Pacquiao	sportsman/politician
34. e ln d Je n rz	Ellen DeGeneres	TV personality
35. mai kl Bei	Michael Bay	director/producer
36. jor Jloo ks	George Lucas	director/producer
37. jeim Zpa t sn	James Patterson	author
38. jei Zee	Jay-Z	rapper/producer
39. je rii Bruu khai m	Jerry Bruckheimer	producer
40. pei tn Ma ning	Peyton Manning	sportsman (Am. football)

Source: http://www.forbes.com/celebrities/#p_1_s_a0_All%20categories_ (accessed 27.07.12)

Foundation Course

100 Basic Words with the Clear Alphabet

uh Baut	about	Gar dn	garden	Ri v	river
Eir r plein	aeroplane	Glar sz	glasses	Reud	road
ar ft Noon	afternoon	Guud	good	Sed	said
Orl weiz	always	Groo	grew	Skool	school
A n mlz	animals	Hai	hi	See said	seaside
uh Nu th	another	Hors	horse	Shau td	shouted
b Nar n	banana	Haus	house	Sum tting	something
bi Gan	began	in Said	inside	Song	song
Be t	better	Ki chn	kitchen	So rii	sorry
Blak	black	Leik	lake	Stu mk	stomach
Buuk	book	Larft	laughed	Su dn lii	suddenly
Beutt	both	Luuk	look	Soot	suit
Bre kfst	breakfast	Meik	make	Tee ch	teacher
Braun	brown	Ma n j	manager	te l Vi zzn	television
Bil ding	building	Mee	me	Thang kyoo	thank you
See ling	ceiling	mi Steik	mistake	th / thee	the
Chil drn	children	Mor ning	morning	their	there
Klar sroom	classroom	Mu th	mother	Ttort	thought
Klee ning	cleaning	Maun tn	mountain	Ttroo	through
Kleuthz	clothes	Maus	mouse	Too thbrush	toothbrush
Keuld	cold	Nyoo	new	Taun	town
km Pyoo t	computer	Nekst	next	Trein	train
Ker tn	curtain	Neuz	nose	Tree	tree
Di dnt	didn't	neu Vem b	November	Twen tii	twenty
Di frnt	different	Num b	number	Won td	wanted
Do kt	doctor	O fn	often	Wor t	water
Juuw ring	during	O rinj	orange	Wel km	welcome
Ee zii	easy	Par tii	party	Weil	whale
E l fnt	elephant	Pee pl	people	Wait	white
Ev ri bo dii	everybody	Feun	phone	Win deu	window
Forl	fall	Plei	play	with	with
Fam lii	family	Pleez	please	Rait	write
Fo leu	follow	Pro blm	problem		
for Teen	fourteen	Puut	put		

Foundation Course

100 Basic Words – Translate from the Clear Alphabet

uh Baut ____________
Eir r plein ____________
ar ft Noon ____________
Orl weiz ____________
A n mlz ____________
uh Nu th ____________
b Nar n ____________
bi Gan ____________
Be t ____________
Blak ____________
Buuk ____________
Beutt ____________
Bre kfst ____________
Braun ____________
Bil ding ____________
See ling ____________
Chil drn ____________
Klar sroom ____________
Klee ning ____________
Kleuthz ____________
Keuld ____________
km Pyoo t ____________
Ker tn ____________
Di dnt ____________
Di frnt ____________
Do kt ____________
Juuw ring ____________
Ee zii ____________
E l fnt ____________
Ev ri bo dii ____________
Forl ____________
Fam lii ____________
Fo leu ____________
for Teen ____________

Gar dn ____________
Glar sz ____________
Guud ____________
Groo ____________
Hai ____________
Hors ____________
Haus ____________
in Said ____________
Ki chn ____________
Leik ____________
Larft ____________
Luuk ____________
Meik ____________
Ma n j ____________
Mee ____________
mi Steik ____________
Mor ning ____________
Mu th ____________
Maun tn ____________
Maus ____________
Nyoo ____________
Nekst ____________
Neuz ____________
neu Vem b ____________
Num b ____________
O fn ____________
O rinj ____________
Par tii ____________
Pee pl ____________
Feun ____________
Plei ____________
Pleez ____________
Pro blm ____________
Puut ____________

Ri v ____________
Reud ____________
Sed ____________
Skool ____________
See said ____________
Shau td ____________
Sum tting ____________
Song ____________
So rii ____________
Stu mk ____________
Su dn lii ____________
Soot ____________
Tee ch ____________
te l Vi zzn ____________
Thang kyoo ____________
th / thee ____________
their ____________
Ttort ____________
Ttroo ____________
Too thbrush ____________
Taun ____________
Trein ____________
Tree ____________
Twen tii ____________
Won td ____________
Wor t ____________
Wel km ____________
Weil ____________
Wait ____________
Win deu ____________
with ____________
Rait ____________

Foundation Course

The 100 Most Common Words in Written English

The Oxford University list of the top 100 high-frequency words in written English is based on an analysis of the Oxford English Corpus, which is a collection of texts in English that has a combined total of over one billion words. This analysis was done by Oxford Online, in association with the Oxford English Dictionary. **Of these top 100 words, 60 are function words, including all but 2 of the top 30 words!** "the" is the most common word in written English.

From Wikipedia:

*"Note that the items listed may represent more than one actual word; they are **lemmas**. For instance the entry "be" contains within it the occurrences of "are", "is", "were", and "was". **Note also that these top 100 lemmas listed below account for 50% of all the words in the Oxford English Corpus.**" [emphasis mine]*

Source: http://en.wikipedia.org/wiki/Most_common_words_in_English, accessed on 04.04.2011

Function words are highlighted and weak forms (where possible) are shown with the Clear Alphabet:

1.	the	th
2.	be	bi
3.	to	t
4.	of	uhv
5.	and	uhn
6.	a	uh
7.	in	
8.	that	th_
9.	have	uhv
10.	I	uh
11.	it	i_
12.	for	f
13.	not	
14.	on	
15.	with	w
16.	he	i
17.	as	uhz
18.	you	y
19.	do	d
20.	at	uh_
21.	this	
22.	but	b_
23.	his	iz
24.	by	b
25.	from	frm
26.	they	th
27.	we	w
28.	say	
29.	her	uh
30.	she	sh
31.	or	uh
32.	an	uhn
33.	will	uhl
34.	my	m
35.	one	
36.	all	
37.	would	wd
38.	there	th
39.	their	th
40.	what	
41.	so	
42.	up	
43.	out	au_
44.	if	uhf
45.	about	uh bau_
46.	who	
47.	get	
48.	which	
49.	go	
50.	me	mi
51.	when	
52.	make	
53.	can	kn
54.	like	
55.	time	
56.	no	
57.	just	
58.	him	im
59.	know	
60.	take	
61.	person	
62.	into	
63.	year	
64.	your	y
65.	good	
66.	some	sm
67.	could	kd
68.	them	thm
69.	see	
70.	other	
71.	than	thn
72.	then	
73.	now	
74.	look	
75.	only	
76.	come	
77.	its	uh_s
78.	over	
79.	think	
80.	also	
81.	back	
82.	after	
83.	use	
84.	two	
85.	how	
86.	our	ar
87.	work	
88.	first	
89.	well	
90.	way	
91.	even	
92.	new	
93.	want	
94.	because	b kz
95.	any	uh nii
96.	these	
97.	give	
98.	day	
99.	most	
100.	us	uhz

Foundation Course

Role Play with the Clear Alphabet 1

Mei king Planz

A lis: Hai, Tom! Hau zi_ Geu win?

Tom: Fain! uhn joo?

A lis: Eu, wai Vgo_ Leu ts Vheum wer kt Doo.

Tom: Ye, mee Too. uh y g n Fi ni shi_ Or lon Taim?

A lis: uh Deun_ Neu. uh Heu pseu!

Tom: s m v s Geu wing t th Si n mar Lei_ uh. j Won_ uh Joy ns? y Wel k mi fy Wo n.

A lis: Ar, So rii To, mai karn_ t Nai_. ai Pro mi smai Fren dai Tstu dii wi th. May bii y_ th wee Kend? Wo_ ch Thingk?

Tom: Shor! E nii Tai, Mei_! uhl Te ksch. See y!

Foundation Course

Role Play with the Clear Alphabet 1

Mei king Planz – tran Zlei shn

Making Plans – Translation

A lis: Hai, Tom! Hau zi_ Geu win?

Alice: Hi, Tom! How's it going?

Tom: Fain! uhn joo?

Tom: Fine! And you?

A lis: Eu, wai Vgo_ Leu ts Vheum wer kt Doo.

Alice: Oh, I've got loads of homework to do.

Tom: Ye, mee Too. uh y g n Fi ni shi_ Or lon Taim?

Tom: Yeah, me too. Are you going to finish it all on time?

A lis: Ai Deun_ Neu. ai Heu pseu!

Alice: I don't know. I hope so!

Tom: s m v s Geu wing t th Si n mar Lei_ uh. j Won_ uh Joy ns? y Wel k mi fy Wo n.

Tom: Some of us are going to the cinema later. Do you want to join us? You're welcome, if you want to.

A lis: Ar, So rii To, mai karn_ t Nai_. ai Pro mi smai Fren dai Tstu dii wi th. May bii y_ th wee Kend? Wo_ ch Thingk?

Alice: Ah, sorry Tom, I can't tonight. I promised my friend I'd study with her. Maybe at the weekend? What do you think?

Tom: Shor! E nii Tai, Mei_! I Te ksch. See y!

Tom: Sure! Any time, mate! I'll text you. See you!

Foundation Course

Practice Text with the Clear Alphabet 1

Hau t Mei k Nai Sku p Vtee

Fain d Mu gth_ y Lai Kdring king from.

Puu t Tee Ba gi ni_.

Boyl sm Wor t ri n Ke tl.

Por th Boyl Dwor t rin t th Mu gn Ster ri_ f r bi_.

Skwee zth Tee Bag, then Tei ki_ Au tn Da d Bi t Vmilk.

Ster ri tor l Gen n Dge_ Re dii t wn Joy yor Dringk!

Foundation Course

Practice Text with the Clear Alphabet 1

Hau t Mei k Nai Sku p Vtee – tran Zlei shn

How to Make a Nice Cup of Tea – Translation

Fain d Mu gth_ y Lai Kdring king from.

Find a mug that you like drinking from.

Puu t Tee Ba gi ni_.

Put a teabag in it.

Boyl sm Wor t ri n Ke tl.

Boil some water in a kettle.

Por th Boyl Dwor t rin t th Mu gn Ster ri_ f r bi_.

Pour the boiled water into the mug and stir it for a bit.

Skwee zth Tee Bag, then Tei ki_ Au tn Da d Bi t Vmilk.

Squeeze the teabag, then take it out and add a bit of milk.

Ster ri tor l Gen n Dge_ Re dii t wn Joy yor Dringk!

Stir it all again, and get ready to enjoy your drink!

Foundation Course

Practice Text with the Clear Alphabet 2

b Gi ning t Tee Chnum bz

wen wi Tee Chnum bz, wi Yoo zz lii Star To fwi th Fer Sten, ai yee Wun, Too, Ttree, For, Fai, Vsi, Kse v, Nei_, Nai, nn Ten.

Wun Schoo dn s Vgo_ th Ha ng vthm, wi Moo Von t th Ne Kse_, wi ch r Bi_ Ee ziy bi k Zmeu st vth Ma vth "Teen" Su fiks.

th Meu Sdi fi kuhl_ Num b st Spe lin thi Sgroo p Yoo zz lii fi Fteen, wi Chschoo dn_ Zo fn Rai t "Zfai fteen", an Dnain teen, wi Chschoo dn_ Seem t Thing ki Spel_ "Dnin teen". Deu Nar skmi Wai!

Eu Se v Nei_ Too For, Si Ksdu bl Ttree, Yei_ For Fai For.

Foundation Course

Practice Text with the Clear Alphabet 2

b Gi ning t Tee Chnum bz – tran Zlei shn

Beginning to Teach Numbers – Translation

wen wi Tee Chnum bz, wi Yoo zz lii Star To fwi th Fer Sten, ai yee Wun, Too, Ttree, For, Fai, Vsi, Kse v, Nei_, Nai, nn Ten.

When we teach numbers, we usually start off with the first ten, i.e. one, two, three, four, five, six, seven, eight, nine, and ten.

Wun Schoo dn s Vgo_ th Ha ng vthm, wi Moo Von t th Ne Kse_, wi ch r Bi_ Ee ziy bi k Zmeu st vth Ma vth "Teen" Su fiks.

Once students have got the hang of them, we move on to the next set, which are a bit easier, because most of them have the "-teen" suffix.

th Meu Sdi fi kuhl_ Num b st Spe lin thi Sgroo p Yoo zz lii fi Fteen, wi Chschoo dn_ Zo fn Rai t "Zfai fteen", an Dnain teen, wi Chschoo dn_ Seem t Thing ki Spel_ "Dnin teen". Deu Nar skmi Wai!

The most difficult numbers to spell in this group are usually fifteen, which students often write as "fiveteen", and nineteen, which students seem to think is spelled "ninteen". Don't ask me why!

Eu Se v Nei_ Too For, Si Ksdu bl Ttree, Yei_ For Fai For.

07824 633 8454

oh seven eight two four, six double three, eight four five four

Foundation Course

Practice Text with the Clear Alphabet 3

uh kon tr Ver sh l Pin yn

th r Sum Spor_ sth_ ai uhn Joy Wo ching – Lai k Thle ti ksn Tsai kling – uhn_ th r Ru th zth_ ai Ju Sfain_ tseu Te r bli Bor ring, f ri Gzarm pl Reu wing uhn_ Dfuu_ borl.

uh Neu th_ Meu Spee p – l Spe shlii Gai – z g n di s Gree wi thmee, bu_ ai Karn_ See thi y Tra ksh nin Wei sting mai Val y bl Taim Gei zing uh_ uh Groo p Vmil y neir Ski king uh Ba g Vwin d raun d Mu dii Fiyl tf Nain tii Mi ni_s!

Foundation Course

Practice Text with the Clear Alphabet 3

uh kon tr Ver sh l Pin yn – tran Zlei shn

A Controversial Opinion – Translation

th r Sum Spor_ sth_ ai uhn Joy Wo ching – Lai k Thle ti ksn Tsai kling – uhn_ th r Ru th zth_ ai Ju Sfain_ tseu Te r bli Bor ring, f ri Gzarm pl Reu wing uhn_ Dfuu_ borl.

There are *some* sports that I enjoy watching – like athletics and cycling – and there are others I just find so terribly boring, for example rowing and football.

uh Neu th_ Meu Spee p – l Spe shlii Gai – z g n di s Gree wi thmee, bu_ ai Karn_ See thi y Tra ksh nin Wei sting mai Val y bl Taim Gei zing uh_ uh Groo p Vmil y neir Ski king uh Ba g Vwin d raun d Mu dii Fiyl tf Nain tii Mi ni_s!

I know that *most* people – especially guys – are going to disagree with me, but I can't see the attraction in wasting my valuable time gazing at a group of millionaires kicking a bag of wind around a muddy field for ninety minutes!

Transport

Discussion Words

fare	petrol pump	tyre	boat
ticket	bus	take-off	motorway
fine	cruise	passenger	canoe
station	driver	train	commuter
engine	aeroplane	ferry	tractor
car	taxi	cancellation	bike
emergency exit	driving licence	car park	road
ship	road sign	reservation	motorbike
flight	service station	airport	roundabout
garage	runway	van	journey

Transport

Discussion Words (with the Clear Alphabet)

feir	Pe trl pump	Taiy	Beut
Ti kit	Bus	Tei Kof	Meu t wei
Fain	Krooz	Pa sn j	k Noo
Stei shn	Drai v	Trein	k Myoo t
En jin	Eir r plein	Fe rii	Trak t
Kar	Tak sii	kan s Lei shn	Baik
i mer jn sii Ye ksit	Drai ving lai sns	Kar park	Reud
Ship	Reu tsain	re z Vei shn	Meu t baik
Flait	Ser vi stei shn	Eir port	Raun d baut
Ga rij	Run wei	Van	Jer nii

Transport

Discussion Words (with the IPA)

/feə/	/ˈpe.trl.pʌmp/	/taɪə/	/bəʊt/
/ˈtɪ.kɪt/	/bʌs/	/ˈteɪ.kɒf/	/ˈməʊ.tə.weɪ/
/faɪn/	/kruːz/	/ˈpæ.sn.dʒə/	/kˈnuː/
/ˈsteɪ.ʃn/	/ˈdraɪ.və/	/treɪn/	/kəˈmjuː.tə/
/ˈen.dʒɪn/	/ˈeə.rə.pleɪn/	/ˈfe.ri/	/ˈtræ.ktə/
/kɑː/	/ˈtæ.ksi/	/kæn.səˈleɪ.ʃn/	/baɪk/
/ɪ.mɜː.dʒən.si.ˈje.ksɪt/	/ˈdraɪ.vɪŋ.laɪ.sns/	/ˈkɑː.pɑːk/	/rəʊd/
/ʃip/	/ˈreʊ.tsaɪn/	/re.zəˈveɪ.ʃn/	/ˈməʊ.tə.baɪk/
/flaɪt/	/ˈsɜː.vɪ.steɪ.ʃn/	/ˈeə.pɔːt/	/ˈraʊn.də.baʊt/
/ˈgæ.ridʒ/	/ˈrʌn.weɪ/	/væn/	/ˈdʒɜː.ni/

Foundation Course

List of Common Weak Forms in Spoken English

- In spoken English we often use the **weak forms of function words** instead of the strong forms to make the sound spine stand out more clearly. This is true of Standard Pronunciation, dialects, and accents
- The weak form is often made by replacing the vowel sound in the strong form with a **Schwa sound: uh**
- Most function words that have weak forms are **monosyllabic** – they have only one syllable
- If we use strong forms when we should use weak forms, we sound **too formal** and it is more difficult for people to understand us, because the sentence stress is incorrect. Communication is reduced
- If a function word comes **at the end of a sentence** we usually use its strong form, rather than its weak form, e.g. "What are you looking <u>for</u>?" (for) or, "Who are you writing <u>to</u>?" (too)
- If we want to show emphasis or contrast, we can vary the **intonation** by using strong forms where we would normally use weak forms, e.g. "What did *you* think of the book?" (yoo)

articles & determiners	weak	strong
a	uh	ei
an	uhn	an
any	uh nii	e nii
some	sm	sum
such	sch	such
that	th_	that
the	thi *or* th	thee

verb "be" & auxiliary verbs	weak	strong
am	uhm	am
are	uh	ar
be	bi	bee
been	bin *or* bn	been
is	uhz	iz
was	wz	woz
were	w	wer
do	duu *or* d	doo
does	dz	duz
had	hd *or* uhd	had
has	hz *or* uhz	haz
have	hv *or* uhv	hav
can	kn	kan
could	kd	kuud
must	mst *or* ms	must
shall	shl	shal
should	shd	shuud
will	uhl	wil
would	wd	wuud

conjunctions	weak	strong
and	uhn	and
because	b kz	bi koz
but	b_	but
if	uhf	if
or	uh	or
than	thn	than

prepositions	weak	strong
about	uh bau_	uh baut
as	uhz	az
at	uh_	at
by	b	bai
for	f	for
from	frm	from
of	uhv	ov
out	au_	aut
to	t	too
with	w	with

pronouns	weak	strong
he	hi *or* i	hee
her	h *or* uh	her
him	im	him
his	iz	hiz
I	uh	ai
it	i_	it
its	uh_s	its
me	mi	mee
my	m	mai
our	ar	auw
she	sh	shee
their	th	their
them	thm	them
there	th	their
they	th	thei
us	uhz	us
we	wi *or* w	wee
you	y	yoo
your	y	yor

Instructions: each card shows the sounds of one syllable from this sentence. ***Sound out*** *each syllable, then put the cards in order.*

Foundation Course

Cut-Up Clear Alphabet Sentence – Example

The chef is boiling some potatoes in a saucepan.

th She Fsboy ling sm p Tei teu zi n Sor spn.

	A	B	C
1	spn	n	teu
2	ling	Fsboy	She
3	zi	p	Sor
4	Tei	th	sm

Instructions: each card shows the sounds of one syllable from this sentence. ***Sound out*** *each syllable, then put the cards in order.*

Foundation Course

Cut-Up Clear Alphabet Sentence – Blank

simple sentence (normal spelling)

simple sentence (Clear Alphabet spelling – syllable by syllable)

	A	B	C
1			
2			
3			
4			

Learn the Clear Alphabet

Spelling and Sounds – Vowel Clusters

A vowel cluster is a group of two or more vowel letters together in a word that represent a single vowel sound. For example, in the word "r**oa**d", "oa" is a vowel cluster that represents the sound *eu* , whilst in the word "sh**oe**", "oe" is a vowel cluster that represents the sound oo . In the same way, "ar" in the word "c**ar**", is a vowel cluster that uses a silent "r" to help make the vowel sound *ar* . The reason we have vowel clusters is simple: there are 23 different single vowel sounds (vowel phonemes) in spoken English, but only 5 single vowel letters in written English. We need vowel clusters to represent in spelling all of the different vowel sounds. For example, the letter "a" on its own can make the sound a when sandwiched between two consonant sounds, for example in the word "c**a**t" – Kat – but there is no single letter which can make the very common vowel sound oo , as in "tr**ue**" Troo . We have to use a vowel cluster – in this case "ue" – to represent this sound on paper.

Vowel clusters can occur anywhere in a word – at the beginning (initial), as in "**ou**t"; in the middle (medial), as in "pl**ea**se"; and at the end (final), as in "tr**ue**". Focusing on vowel clusters and consonant clusters (see p.217) is useful if you want to look at some of the differences between spelling and sounds in English words. (See also Rhyming Words, from p.30.)

Vowel clusters can be divided into **eight** categories:

1. Vowel Digraphs
2. Vowel Trigraphs and Quadgraphs
3. Vowel Clusters that End with "-r"
4. Other Vowel Clusters with "r"
5. Vowel Clusters with "w"
6. Vowel Clusters with "y"
7. Vowel Clusters with "gh"
8. Vowel Clusters with Other Consonant Letters

What follows is a comprehensive list of vowel clusters, with the sounds that they represent, grouped by letter in alphabetical order. *(Note: you may wish to add your own examples in the space provided.)*

1. Vowel Digraphs

Vowel digraphs are two vowel letters together in the spelling of a word that represent a single sound (one vowel phoneme). For example, in the word "m**ea**t", "ea" is a vowel digraph that represents the sound *ee* , whilst in the word "m**ee**t", "ee" is a vowel digraph that also stands for the same vowel sound: *ee* . This kind of thing can lead to a lot of confusion between spelling and sounds in English!

digraph:	*sounds like:*	*for example:*	*my example(s):*
ai	*ei*	p**ai**d, w**ai**t, f**ai**l, p**ai**nt, g**ai**n	________________
ai	*e*	s**ai**d, ag**ai**n	________________
au	*or*	fr**au**d, p**au**se, **au**tumn, **Au**gust	________________

Learn the Clear Alphabet

Spelling and Sounds – Vowel Clusters

au	ar	l**au**gh, l**au**ghter	________________
ea	ei	br**ea**k, st**ea**k, gr**ea**t	________________
ea	ee	r**ea**d, app**ea**l, l**ea**d, cl**ea**n, l**ea**f, st**ea**l	________________
ea	e	r**ea**d, br**ea**d, dr**ea**mpt, d**ea**d, dr**ea**d	________________
ee	ee	wh**ee**l, p**ee**l, kn**ee**l, h**ee**l	________________
ei	ee	rec**ei**ve, dec**ei**ve, rec**ei**pt	________________
ei	ei	r**ei**n, v**ei**n	________________
eo	e	l**eo**pard, L**eo**nard	________________
eu	oy	Fr**eu**d	________________
ia	aiy	v**ia**l	________________
ie	ai	t**ie**, d**ie**, l**ie**, p**ie**	________________
ie	iy	f**ie**ld, y**ie**ld, w**ie**ld	________________
ie	ee	activit**ie**s, bel**ie**ve, ach**ie**ve	________________
ie	aiy	var**ie**ty	________________
io	uh	stat**io**n, complet**io**n, rat**io**n	________________
iu	iy	val**iu**m, ted**iu**m, rad**iu**m	________________
oa	eu	**oa**k, f**oa**m, l**oa**f, encr**oa**ch, r**oa**d	________________
oa	or	br**oa**d, abr**oa**d	________________
oe	oo	sh**oe**	________________
oe	eu	t**oe**, h**oe**, w**oe**, f**oe**, g**oe**s	________________
oe	u	d**oe**s, d**oe**sn't	________________
oi	oy	av**oi**d, v**oi**d, c**oi**n, t**oi**let	________________
oo	oo	sch**oo**l, t**oo**l, f**oo**l, ch**oo**se	________________
oo	uu	g**oo**d, b**oo**k, t**oo**k, r**oo**k, h**oo**d	________________
oo	u	bl**oo**d, fl**oo**d	________________
oo	eu	br**oo**ch	________________
ou	au	s**ou**nd, l**ou**d, pr**ou**d, r**ou**nd, h**ou**se	________________
ou	oo	r**ou**te, y**ou**, s**ou**p, gr**ou**p	________________

Learn the Clear Alphabet

Spelling and Sounds – Vowel Clusters

ou	uh	fam**ou**s, jeal**ou**s, oner**ou**s	______________
ou	o	c**ou**gh, tr**ou**gh	______________
ou	u	r**ou**gh, en**ou**gh, t**ou**gh	______________

ue	oo	bl**ue**, tr**ue**, s**ue**	______________
ue	e	g**ue**ss, g**ue**st	______________
ue	uuw	f**ue**l, p**ue**rile, d**ue**l	______________

ui	ai	g**ui**de, g**ui**dance	______________
ui	oo	j**ui**ce, br**ui**se	______________
ui	i	b**ui**ld, b**ui**lding, g**ui**lt	______________

Most of the vowel sounds of English (18 out of 23) are represented by these 18 different vowel digraphs. The sounds not represented are: a, i, er, eir, auw . The last three of these sounds are represented by vowel clusters that use "r" (see below).

2. Vowel Trigraphs and Quadgraphs

It is possible, though fairly uncommon, to find more than two vowel letters together in an English word. A group of three letters that make a single sound is called a *trigraph*. For example:

trigraph:	*sounds like:*	*for example:*	*my example(s):*
eau	eu	**beau**, **eau** de toilette[1]	______________
eou	uh	outrag**eou**s, contag**eou**s	______________
iou	iy	industr**iou**s, harmon**iou**s, ted**iou**s	______________

A group of four letters that makes a single sound is called a *quadgraph*. For example:

quadgraph:	*sounds like:*	*for example:*	*my example(s):*
ueue	oo	q**ueue**	______________

3. Vowel Clusters that End with "-r"

The "r" in the spelling helps to make the single vowel sound. Note: the consonant sound r is not pronounced.

---

[1] in loan words from French

Learn the Clear Alphabet

Spelling and Sounds – Vowel Clusters

v/cluster:	*sounds like:*	*for example:*	*my example(s):*
air	eir	**air**, f**air**, h**air**, ch**air**, st**air**, p**air**	________________
ar	ar	c**ar**, guit**ar**, st**ar**, b**ar**, sh**ar**k	________________
ar	or	w**ar**, w**ar**t, w**ar**m	________________
ar	uh	popul**ar**, singul**ar**, regul**ar**	________________
ear	ar	h**ear**t	________________
ear	iy	**ear**, b**ear**d, d**ear**, app**ear**, f**ear**	________________
ear	er	l**ear**n, **ear**n, s**ear**ch, p**ear**l, h**ear**d	________________
ear	eir	b**ear**, t**ear**, w**ear**, p**ear**	________________
eer	iy	l**eer**, p**eer**, b**eer**, engin**eer**, st**eer**	________________
er	er	v**er**b, h**er**d, h**er**b, h**er**	________________
er	uh	teach**er**, clean**er**, hott**er**, moth**er**	________________
iar	aiy	l**iar**	________________
ier	iy	t**ier**, p**ier**	________________
ier	aiy	pl**ier**s	________________
ir	er	f**ir**, b**ir**d, g**ir**l, wh**ir**l, tw**ir**l	________________
irr	er	wh**irr**	________________
oar	or	**oar**, b**oar**, h**oar**, h**oar**d, b**oar**d	________________
oor	or	d**oor**, fl**oor**, p**oor**, m**oor**	________________
or	or	f**or**m, n**or**, f**or**, conf**or**m, p**or**t, sw**or**d	________________
or	er	w**or**d, w**or**m	________________
or	uh	doct**or**, tract**or**, administrat**or**	________________
our	or	p**our**	________________
our	auw	**our**, fl**our**, h**our**, d**our**, s**our**	________________
our	uh	harb**our**, col**our**, splend**our**	________________
ur	er	h**ur**l, ch**ur**l, unf**ur**l, c**ur**l	________________

Learn the Clear Alphabet

Spelling and Sounds – Vowel Clusters

4. Other Vowel Clusters with "r"

The "r" in the spelling helps to make the single vowel sound. Note: the consonant sound r is not pronounced.

v/cluster:	*sounds like:*	*for example:*	*my example(s):*
aire	eir	million**aire**, Cl**aire**	______________
are	ar	**are**	______________
are	eir	h**are**, r**are**, w**are**, c**are**	______________
ere	iy	h**ere**, m**ere**	______________
ere	er	w**ere**	______________
ere	eir	th**ere**, wh**ere**	______________
ire	aiy	w**ire**, f**ire**, m**ire**, t**ire**	______________
oare	or	h**oare**	______________
ore	or	m**ore**, bef**ore**, c**ore**, st**ore**, l**ore**	______________
re	uh	cent**re**, met**re**, lit**re**, ac**re**	______________
ure	uuw	s**ure**	______________
ure	uh	broch**ure**	______________
yre	aiy	t**yre**, l**yre**, p**yre**	______________

5. Vowel Clusters with "w"

The "w" in the spelling helps to make the single vowel sound. Note: the consonant sounds w and r are not pronounced.

v/cluster:	*sounds like:*	*for example:*	*my example(s):*
aw	or	p**aw**, fl**aw**, l**aw**n, pr**aw**n, s**aw**n	______________
ew	oo	gr**ew**, br**ew**	______________
ow	eu	kn**ow**, gr**ow**, sn**ow**, sh**ow**, t**ow**, b**ow**, **ow**n	______________
ow	au	b**ow**, c**ow**, n**ow**, h**ow**, br**ow**n	______________

Learn the Clear Alphabet

Spelling and Sounds – Vowel Clusters

owe	eu	**owe**	____________
ower	auw	fl**ower**, p**ower**, sh**ower**, t**ower**	____________

6. Vowel Clusters with "y"

The "y" in the spelling helps to make the single vowel sound. Note: the consonant sounds y and r are not pronounced.

v/cluster:	*sounds like:*	*for example:*	*my example(s):*
ay	ei	p**ay**, s**ay**, d**ay**, l**ay**, M**ay**, pl**ay**	____________
ayer	eir	pr**ayer**	____________
ey	ei	th**ey**, h**ey**, pr**ey**	____________
ey	ee	k**ey**, monk**ey**, all**ey**	____________
eye	ai	**eye**	____________
oy	oy	t**oy**, j**oy**, ann**oy**, empl**oy**, b**oy**	____________
uay	ee	q**uay**	____________
ye	ai	b**ye**, r**ye**, d**ye**, t**ye**	____________

7. Vowel Clusters with "gh"

The "gh" in the spelling helps to make the single vowel sound. Note: the consonant sounds g and h are not pronounced.

v/cluster:	*sounds like:*	*for example:*	*my example(s):*
augh	or	c**augh**t, t**augh**t	____________
eigh	ei	w**eigh**t, **eigh**t, w**eigh**, n**eigh**	____________
eigh	ai	h**eigh**t	____________

Learn the Clear Alphabet

Spelling and Sounds – Vowel Clusters

igh	ai	h**igh**, s**igh**, n**igh**t, r**igh**t, fl**igh**t, m**igh**t, br**igh**t	____________

ough	au	b**ough**, pl**ough**, Sl**ough**	____________
ough	oo	thr**ough**, thr**ough**out	____________
ough	or	b**ough**t, th**ough**t, **ough**t, s**ough**t, n**ough**t	____________
ough	eu	th**ough**, alth**ough**	____________

8. Vowel Clusters with Other Consonant Letters

Sometimes you may find a vowel cluster representing a vowel sound that employs a consonant letter other than "r", "w", "y", or "gh". Below are a few examples. In each case the consonant in the spelling is not pronounced (it is a *silent letter*).

a) Vowel clusters with "**b**":

v/cluster:	*sounds like:*	*for example:*	*my example(s):*
oub	au	d**oub**t	____________

b) Vowel clusters with "**g**":

v/cluster:	*sounds like:*	*for example:*	*my example(s):*
eig	ei	r**eig**n	____________

c) Vowel clusters with "**l**":

v/cluster:	*sounds like:*	*for example:*	*my example(s):*
al	or	t**al**k, w**al**k, ch**al**k, st**al**k	____________
al	ar	h**al**f, c**al**f, p**al**m, c**al**m, b**al**m	____________
ol	eu	y**ol**k	____________
oul	uu	c**oul**d, w**oul**d, sh**oul**d	____________

d) Vowel clusters with "**t**":

v/cluster:	*sounds like:*	*for example:*	*my example(s):*
out	oo	rag**out**	____________

Learn the Clear Alphabet

Spelling and Sounds – Common Vowel Clusters

A vowel cluster is a group of two or more vowel letters together in a word that represent a single vowel sound. They can be ***initial*** *(at the beginning of a word),* ***medial*** *(in the middle of a word), and* ***final*** *(at the end of a word). Focusing on vowel clusters and consonant clusters* *(see p.217)* *is useful if you want to look at some of the differences between spelling and sounds in English words. Vowel clusters can be divided into eight categories:*

1. Vowel Digraphs (two vowel letters together make a single sound)

digraph:	*sounds like:*	*for example:*	*my example(s):*
ai	ei	paid, wait, fail, paint, gain	___
ea	ee	read, appeal, lead, clean, leaf, steal	___
ea	e	read, bread, dreampt, dead, dread	___
ee	ee	wheel, peel, kneel, heel	___
ei	ee	receive, deceive, receipt	___
ie	ai	tie, die, lie, pie	___
oa	eu	oak, foam, loaf, encroach, road	___
oa	or	broad, abroad	___
oe	eu	toe, hoe, woe, foe, goes	___
oe	oo	shoe	___
oo	oo	school, tool, fool, choose	___
oo	uu	good, book, took, rook, hood	___
ou	au	sound, loud, proud, round, house	___
ui	ai	guide, guidance	___
ue	oo	blue, true, sue	___

2. Vowel Trigraphs and Quadgraphs

v/cluster:	*sounds like:*	*for example:*	*my example(s):*
eau	eu	beau, eau de toilette[1]	___
iou	iy	industrious, harmonious, tedious	___
ueue	oo	queue	___

3. Vowel Clusters that End with "-r" (the consonant sound r is not pronounced)

v/cluster:	*sounds like:*	*for example:*	*my example(s):*
air	eir	air, fair, hair, chair, stair, pair	___
ar	ar	car, guitar, star, bar, shark	___
ear	iy	ear, beard, dear, appear, fear	___
ear	er	learn, earn, search, pearl, heard	___
ear	eir	bear, tear, wear, pear	___
eer	iy	leer, peer, beer, engineer, steer	___
er	er	verb, herd, herb, her	___

[1] in loan words from French

Learn the Clear Alphabet

Spelling and Sounds – Common Vowel Clusters

er	uh	teach**er**, clean**er**, hott**er**, moth**er**	____________
ier	iy	t**ier**, p**ier**	____________
ir	er	f**ir**, b**ir**d, g**ir**l, wh**ir**l, tw**ir**l	____________
oar	or	**oar**, b**oar**, h**oar**, h**oar**d, b**oar**d	____________
oor	or	d**oor**, fl**oor**, p**oor**, m**oor**	____________
or	or	f**or**m, n**or**, f**or**, conf**or**m, p**or**t, sw**or**d	____________
our	auw	**our**, fl**our**, h**our**, d**our**, s**our**	____________
ur	er	h**ur**l, ch**ur**l, unf**ur**l, c**ur**l	____________

4. Other Vowel Clusters with "r" (the consonant sound r is not pronounced)

v/cluster:	*sounds like:*	*for example:*	*my example(s):*
are	ar	**are**	____________
ere	iy	h**ere**, m**ere**	____________
ere	eir	th**ere**, wh**ere**	____________
ere	er	w**ere**	____________
ore	or	m**ore**, bef**ore**, c**ore**, st**ore**, l**ore**	____________
re	uh	cent**re**, met**re**, lit**re**, ac**re**	____________
ure	uh	broch**ure**	____________

5. Vowel Clusters with "w" (the consonant sound w is not pronounced)

v/cluster:	*sounds like:*	*for example:*	*my example(s):*
aw	or	p**aw**, fl**aw**, l**aw**n, pr**aw**n, s**aw**n	____________
ew	oo	gr**ew**, br**ew**	____________
ow	eu	kn**ow**, gr**ow**, sn**ow**, sh**ow**, t**ow**, b**ow**, **ow**n	____________
ow	au	b**ow**, c**ow**, n**ow**, h**ow**, br**ow**n	____________

6. Vowel Clusters with "y" (the consonant sound y is not pronounced)

v/cluster:	*sounds like:*	*for example:*	*my example(s):*
ay	ei	p**ay**, s**ay**, d**ay**, l**ay**, M**ay**, pl**ay**	____________
ey	ei	th**ey**, h**ey**, pr**ey**	____________
ey	ee	k**ey**, monk**ey**, all**ey**	____________
oy	oy	t**oy**, j**oy**, ann**oy**, empl**oy**, b**oy**	____________

7. Vowel Clusters with "gh" (the consonant sounds g and h are not pronounced)

v/cluster:	*sounds like:*	*for example:*	*my example(s):*
augh	or	c**augh**t, t**augh**t	____________
eigh	ei	w**eigh**t, **eigh**t, w**eigh**, n**eigh**	____________

Learn the Clear Alphabet

Spelling and Sounds – Common Vowel Clusters

igh	ai	h**igh**, s**igh**, n**igh**t, r**igh**t, fl**igh**t, m**igh**t, br**igh**t	____________
ough	or	b**ough**t, th**ough**t, **ough**t, s**ough**t, n**ough**t	____________
ough	oo	thr**ough**, thr**ough**out	____________

8. Vowel Clusters with Other Consonant Letters (the consonant sounds are not pronounced)

v/cluster:	*sounds like:*	*for example:*	*my example(s):*
ou**b**	au	d**oub**t	____________
ei**g**	ei	r**eig**n	____________
a**l**	or	t**al**k, w**al**k, ch**al**k, st**al**k	____________
a**l**	ar	h**al**f, c**al**f, p**al**m, c**al**m, b**al**m	____________
o**l**	eu	y**ol**k	____________
ou**l**	uu	c**oul**d, w**oul**d, sh**oul**d	____________
ou**t**	oo	rag**out**	____________

www.ingramcontent.com/pod-product-compliance
Lightning Source LLC
Chambersburg PA
CBHW081109080526
44587CB00021B/3511